U0506511

杨讷史学著作集

劉基事迹考

杨讷 著

上海古籍出版社

图书在版编目(CIP)数据

刘基事迹考 / 杨讷著. —上海：上海古籍出版社，
2024.5
　(杨讷史学著作集)
　ISBN 978-7-5732-1151-4

Ⅰ.①刘… Ⅱ.①杨… Ⅲ.①刘基(1311-1375)—
人物研究　Ⅳ.①K827＝48

中国国家版本馆 CIP 数据核字(2024)第 088089 号

杨讷史学著作集

刘基事迹考

杨　讷　著

上海古籍出版社出版发行

(上海市闵行区号景路 159 弄 1-5 号 A 座 5F　邮政编码 201101)

(1) 网址：www.guji.com.cn

(2) E-mail：guji1@guji.com.cn

(3) 易文网网址：www.ewen.co

上海颛辉印刷厂有限公司印刷

开本 787×1092　1/32　印张 7.875　插页 3　字数 136,000

2024 年 5 月第 1 版　2024 年 5 月第 1 次印刷

ISBN 978-7-5732-1151-4

K·3596　定价：39.00 元

如有质量问题,请与承印公司联系

目　录

1

前　言

　　刘基是今人讲明初历史必讲的人物，他在明代有"开国文臣第一"的尊称，在近代有政治家、军事家、文学家、思想家和哲学家的美誉。然而，迄至上世纪末，人们对刘基的了解大多远离真实。一篇署名黄伯生撰写的《故诚意伯刘公行状》杜撰了许多刘基故事，掩盖了刘基的一些真实事迹。六百年来，人们在总体上均视《行状》为信史，不断引用；只有个别史家识破《行状》的某些不实之词。

　　我对《行状》内容真实性的怀疑产生于二十世纪八十年代，起初只是在三四个问题上，后来疑点逐渐增加，终于断定《行状》不仅内容多假，其作者姓名与撰写时间也属伪托。1999 年 5 月，台湾新竹清华大学历史研究所主办海峡两岸蒙元史学术讨论会，我提交会议的报告即以考证刘基事迹为题，对《行状》的不实之词多有驳诘。这篇报告经过修改，取名《刘基事迹七考——兼析〈诚意伯刘公行状〉的撰写时间与作者》，收入萧启庆教授主编的研讨会论文集《蒙元的历史和文化》，2001 年由台湾学生书局出版。那篇文章约三万五千字，别人读来可能感到累赘，在我本人则言犹未尽，因为还有不少问题没有触及。

现在呈献给读者的这本小书，是我近几年继续研究的结果，是我那篇论文的扩充。我原想越过只有专业工作者才会感兴趣的重重考据，向读者大众提供一本内容真实、直接叙事的刘基传。但动笔未久便发觉这样的想法不切实际。六百年来人们习惯于接受《行状》塑造的假刘基，刘基的真实事迹一直被遮掩在人为的云雾后面，不拨开云雾就难揭示真相，而拨开云雾的唯一手段就是科学的考证。不经考证而径直叙述，势必不能取信于读者。故而最终采取了考证与述事相辅的写法。由于考证必须征引史料原文，肯定会增加一般非历史专业读者的困难。但为了揭示刘基的真实事迹，这样的困难无法避免，我只能祈求对真实历史感兴趣的读者耐心看下去。好在本书篇幅不大，十余万字而已。当然，本书写的历史究竟是真还是不真，作者本人说的不算，最后要由读者评定。

刘基的诗文集有多种版本。过去比较流行的是隆庆年间何镗编校的《太师诚意伯刘文成公集》，因为它有《四部丛刊初编》影印本，简称《诚意伯文集》。本书主要用成化年间戴用、张僖刻的《诚意伯刘先生文集》（简称《文集》），因为它比隆庆本早出，内容又多于隆庆本；遇有特殊问题需要用别本印证时，另予说明。几年前浙江古籍出版社出版了林家骊先生点校的《刘基集》，林先生在点校编辑上无疑是花了功夫的，但也有一个无可讳言的缺点，他把《文渊阁四库全书》本的《诚意伯文集》错当作成化本了，以致《刘基集》中出现了"尊达纳锡哩"（成化本作左答纳失理）、"布延呼图克"（成化本作孛颜忽都）这样的清代改译的人名（见《刘基集》第175、180页）。

本书附录明人、清人写的刘基传四篇，它们依次是署名黄伯生撰的《故诚意伯刘公行状》、《明太祖实录》卷九九的《刘基传》、张时彻撰写的《诚意伯刘公神道碑铭》和《明史》卷一二八的《刘基传》。四篇都是近人论述刘基时常用的基本资料，也是本书辩驳的主要对象，全文迻录，以便读者随时比对。

刘基博学多能，兼有文学家、哲学家之称。我于文学、哲学均为外行，与其献丑，不如藏拙。敬请读者原谅。

杨 讷

2004 年 4 月于北京

一　家世、早年与中举（1335 年以前）

给历史人物写传，通常要从他的家世讲起，本书也不例外。

刘基有诗文集传世，但集中一次都没有提到自己的家世。刘基长子刘琏有《自怡集》，次子刘璟有《易斋集》，他们也没有讲自己的祖辈。《易斋集》的《附录》里有洪武二十八年翰林学士刘三吾写的一篇《跋刘氏家谱》，其中说到"予观括苍青田刘氏族谱，与吾茶陵刘氏实通谱牒"，还提到其兄在元时曾与当时任儒学副提举的刘基议论过两家的谱系。刘三吾的话说明，青田刘氏在元代有自己的族谱，但这份族谱今已不存。

大约在永乐年间，刘璟之子刘貊根据旧谱重编了一部家谱，由他的堂兄刘廌（刘琏之子）写序，序文称：

> 吾刘氏本丰沛人也。有讳光世者，仕宋，扈从高宗南渡，始为江南人，今之所存高宗御宝手敕是也。后有乐山

水之胜者，因居括苍丽水之竹洲。膺九世祖六五府君又自
竹洲徙居青田之武阳。竹洲既有详谱而吾武阳为未备。膺
少时亦尝以旧谱略加订定，犹未如法。今堂弟貊重加考
索，参用苏、范谱式，附以世系、事实、墓铭、行状等
文，莫不渊然源本而粲然昭穆也，使后世观者如指诸掌，
可谓知礼义之本者矣。书成，请膺志之，故略纪其实，尚
俟暇日质之当世文衡之士，请序表之可也。①

刘膺的序文从刘光世（1089—1142）讲起，但家谱本文可能上
溯到光世之前。隆庆元年（1567）张时彻撰写的《诚意伯刘公
神道碑铭》（以下简称《神道碑》）把刘基家世追溯到刘光世之
父刘延庆：

　　文成刘公，其先丰沛人也。后徙鄜
延，名延庆者，宋
宣抚都统少保。厥子光世，以平方腊功，为兵马总管。高
宗南渡，部兵以从，累官开府仪同三司、录尚书事，进太
师、杨国公，因家临安。子尧仁，过丽水而乐之，遂徙其
邑之竹洲。四传至集，又卜居青田之武阳，去县治者百五

---

① 《盘谷集》卷七。

十里，世所称南田福地也。……五传而至濠，宋翰林掌书。……濠生庭槐，博洽坟籍，为太学上舍；槐生爚，通经术，元遂昌教谕：是为公祖，公父。①

刘延庆、刘光世《宋史》均有传。②《刘延庆传》称："靖康之难，延庆分部守京城，城陷，引秦兵万人夺开元门以出，至龟儿寺，为追骑所杀。"故知刘延庆卒于靖康元年（1126）。

在追溯刘基先辈上，南京大学教授周群下了不少功夫。他根据宋人张嵲《紫微集》中的资料，进一步考知刘延庆之前的三世，最后排出下面这个世系：

刘怀忠（十一世祖）→刘绍能（十世祖）→刘永年（九世祖）→刘延庆（八世祖）→刘光世（七世祖）→刘尧仁（六世祖）→刘集（五世祖）→刘濠（曾祖）→刘庭槐（祖父）→刘爚（父）→刘基。③

将张时彻的记载与刘廌所言对照，可看出一个差别，即张时彻称"卜居青田之武阳"的是刘集，而刘廌称"徙居青田之武阳"的是自己的"九世祖六五府君"，据此则刘集就是刘廌

---

① 隆庆本《诚意伯文集》卷首，见本书附录三。
② 《宋史》卷三五七、三六九。本书正史皆用中华书局标点本。
③ 周群《刘基评传》，南京大学出版社，1995 年，页 21—23。

的九世祖，刘基的七世祖。但按张时彻的排列，刘集应是刘基的五世祖，刘廌的七世祖。因此，有理由推断刘廌所书"九世祖"是"七世祖"之误写或误刻。

以上刘基列祖，以刘光世地位最显赫，但《宋史》本传对他颇有微词，本传称：

> 光世在诸将中最先进。律身不严，驭军无法，不肯为国任事，遇寇自资，见诋公论。……建炎初，结内侍康履以自固。又早解兵柄，与时浮沉，不为秦桧所忌，故能窃宠荣以终其身，方之韩〔世忠〕、岳〔飞〕远矣。

这样的"公论"显然由来已久，非自《宋史》始，刘基不会不知道。像这样的祖先是不可能让后世子孙引以自豪的。但是孟子讲过："君子之泽，五世而斩；小人之泽，五世而斩。"意思是说祖辈对后代的影响越不过五世。从刘光世到刘基已历七世，无论刘光世是君子还是小人，其泽即使没有断绝，对刘基的影响也是微乎其微。

张时彻写的《神道碑》对刘基的曾祖父刘濠和父亲刘爚特别称赞，他说刘濠"慈惠好施，每淫雨积雪，登高而望，里中有不举火者，即分廪赈之"，又写了刘濠、刘爚祖孙入元之初在江浙设计救了许多可能被元诛杀的人。古人相信"积善之家必有余庆"的说法，故而我们在古人传记中常可读到其人祖上积德的故事。依我看，这类事迹即便真有，也不能预决子孙未来。

要注意的是刘濠、刘庭槐、刘熵三人的身份。刘濠在宋任翰林掌书，刘庭槐在宋为太学上舍生，刘熵在元任儒学教谕，三世业儒，按元代的户计制度入儒户。其家在青田"世为右族"。① 这样的家庭地位，肯定是对刘基有影响的。

刘基字伯温，元武宗至大四年（1311）六月十五日生于江浙行省处州路青田县南田武阳村（今浙江文成县南田镇岳梅乡武阳村）。武阳村离当时青田县治约一百五十里，是偏僻的山村。由于父祖习儒，刘基从小在家里受到良好的传统教育，十四岁那年被送到处州（治今浙江丽水市）路学念书。《行状》说：

> 年十四，入郡庠，从师受《春秋》经。人未尝见其执经读诵，而默识无遗。习举业，为文有奇气，决疑义皆出人意表。凡天文、兵法诸书，过目洞识其要。讲理性于复初郑先生，闻濂洛心法，即得其旨归。先生大器之，乃谓

---

① 《诚意伯刘先生文集》卷一《翊运录·父永嘉郡公诰》，成化刻本。下简称《文集》。

公父曰："吾将以天道无报于善人，此子必高公之门矣。"

《行状》的话颇为夸张，但刘基天资聪颖，早慧，确是事实。"习举业"三字概括了刘基求学的目的和内容。中国历史上早已有之的科举取士制度，在元世祖、成宗、武宗三朝是完全停废的，到仁宗皇庆二年（1313）才决定次年恢复科举，这年刘基三岁。此后二十年，科举考试正常运行，为汉族儒生进入仕途博取功名开启了一扇小门。刘基生当其时，作为书香门第子弟，很自然地选择了这条道路。科举考试的科目重在对儒家经典的决疑和阐发，按当时的要求，阐发还必须以程朱理学为依据，所以刘基从师习《春秋》，又从郑复初讲性理。郑复初名原善，江西玉山人，仁宗延祐年间举进士，后任处州录事，刘基跟他学习大概就在他任职处州期间。

关于刘基读书与求学的情形，明人还有不少零星、模糊甚至荒诞的记述，这里无须介绍。总之，刘基学习认真，领悟也快，所以他不到法定年龄就考上了进士。

刘基举进士是在至顺四年（1333）九月。依照仁宗皇庆二年定下的制度，科举三年举行一次，历次会试在二月，廷试在三月。但至顺四年这次情况特殊，因为宁宗懿璘质班先一年十一月去世，皇位虚悬半载，至四年六月顺帝方即位，所以当年会试改在三月，廷试则延至九月举行。① 十月，顺帝改至顺四年为元统元年，这年举进士的也被称为元统进士。《行状》和《神道碑》对刘基举进士语焉不详，甚至不提中举年份，但这年的进士题名录流传了下来，刘基名列进士题名录"汉人南人第三甲三十二名"一栏第二十名。题名录原文作：

> 刘基，贯处州路青田县，儒户。——《春秋》。
>
> 字伯温。行七，年廿六，六月十五日子时。
>
> 曾祖濠。祖庭槐，宋太学生。父爚，儒学教谕。母〔富〕氏。具庆下。娶富氏。
>
> 乡试江浙第十四名，会试第二十六名。
>
> 授瑞州路高安县丞。②

据此可知：一，刘基于至顺三年在江浙通过乡试，名次第十四；二，刘基中举时本人已婚，父母都在世；三，刘基选的明经题为《春秋》，正是他少年时代已开始研习的。但是，刘基申报的年龄是假的，这年他二十三岁，不是二十六岁。他多报三

---

① 宋濂《燕石集》卷一五《故集贤直学士大中大夫经筵官兼国子祭酒宋公行状》。

② 《元统元年进士题名录》。

岁，是因为元朝规定年满二十五岁的才可以参加乡试。刘基在至顺三年二十二岁参加乡试时报二十五岁，所以到会试时便成了二十六岁。制度规定："科场每三岁一次开试，举人从本贯官司于路、府、州县学及诸色户内，推选年二十五以上、乡党称其孝悌、朋友服其信义、经明行修之士，结罪保举，以礼敦遣，贡诸路、府。其或徇私滥举，并应举而不举者，监察御史、肃政廉访司体察究治。"① 刘基父亲刘爚是遂昌（亦属处州）儒学教谕，不难为儿子参试虚报年龄，虽属"徇私"，只要凭真才实学考上，乡里仍会传为美谈。

　　元代的考试，蒙古、色目人与汉人、南人有别。蒙古、色目人试题较易，中举的比率高；汉人、南人试题难，中举的比率低。汉人、南人要在古赋、诏诰、章表内选试一道，这是蒙古、色目人免试的。刘基会试选做古赋，题为《龙虎台赋》，今存于《文集》卷一四。刘基序称："龙虎台去京师相远百里，在居庸关之南。右接太行之东，地势高平如台，背山而面水。每岁车驾行幸上都，往还驻跸之地。以其有龙盘虎踞之形，故名耳。"其赋将龙虎台的壮观及周围形势的险要大大夸张了一番，什么"白虎敦圉而踞峙，苍龙蜿蜒而屈盘。状昂首以奋

---

① 《元典章》卷三一《礼部·儒学·科举条制》。

角，恍飚兴而云屯"，末后颂曰："于铄帝德，与台无穷。于隆神台，与天斯同。崇台有伟，鸾驾爰止。天子万年，以介遐祉。"但是，刘基在赋中也坦言："慨愚生之多幸，际希世之圣明。虽未获睹斯台之壮观，敢不慕乎颂声。"原来，刘基本人并未到过龙虎台，他是凭想象和前人的描述作赋的！不过，试赋的用意是展示作赋者文采，是否写实是完全无所谓的。

刘基会试的经义卷也传下来了，约一千五百字，收在《文集》卷一四，题为《至顺癸酉会试春秋义》。它议论的是鲁庄公二十三年（前 671）到襄公三十年（前 543）楚国与鲁、齐、宋、晋等国的和、战关系。刘基强调"《春秋》谨华夷之辨"。他称楚为"中国之变于夷者"，指鲁、齐、宋、晋为"中国"（即"华"或"夏"），并为后来夷强夏弱而扼腕，说是"读经至此，太息而止"。这份《春秋义》因为标题明确，无人怀疑过它的撰写时间和主旨。但是，《文集》中另有《春秋明经》两卷，读者对其撰写时间的看法很不一致。多年前容肇祖在一篇研究刘基哲学思想的文章里说："《春秋明经》是刘基二十二岁中进士以前准备应考的著作。"① 几年以后，侯外庐等主编的

---

① 容肇祖《刘基》，见《中国古代著名哲学家评传》续编四，齐鲁书社，1982 年。

《宋明理学史》称:"这两卷《明经》之作很可能是他(刘基)在元末辞官之后隐居浙东时著作的。"其理由有二:一是《春秋明经》"对《春秋》大事的选取和义理的论说,以及文字的凝练,表明它并非是少年习作";二是"《春秋明经》中谈'华夷峻防'、'胡主中国',其排夷、仇夷思想是公开'形于篇什',这在蒙古人统治下的元代,刘基是不会轻于惹祸写这种有禁忌的文字的"。① 1995 年出版的周群《刘基评传》则认为"《春秋明经》当初萌于元末习举之时,写定于明初"。② 以上三说,我对周说最感困惑。从何得知《春秋明经》初萌于习举之时(即 1332 年以前)?怎么证实它定于明初(即 1368 年以后)?总共两万多字的《春秋明经》,何至于历时近四十年方才定稿?不作解释,这种说法很难让人接受。对于《宋明理学史》的说法,我只同意它关于《春秋明经》"并非是少年习作"的判断,因为与《至顺癸酉会试春秋义》相比,《春秋明经》的文字确实洗练多了,识见也广而且深,不是当年参加会试的水平能及。至于《宋明理学史》定《春秋明经》著于刘基元末辞官之后的理由,我认为根本不能成立;即使《春秋明经》的确写于

---

① 侯外庐、邱汉生、张岂之主编《宋明理学史》下卷,人民出版社,1984 年,页 87。

② 《刘基评传》,页 156。

那段时间，《宋明理学史》说的理由仍不能成立。因为《春秋明经》里根本没有"胡主中国"四个字。严格地说，《春秋明经》里也没有"华夷峻防"四字，但"华夷峻防"与"谨华夷之辨"的意思差不多，《宋明理学史》说有也无妨。"胡主中国"四个字的有无事关重大，是不能含糊过去的。既然"胡主中国"四字没有，有的只是"华夷之辨"的议论，《春秋明经》与《春秋义》就不存在重大差别，因而也不会有"轻于惹祸"的问题。看来《春秋明经》写于元末，是在刘基思想、文字成熟以后，投赴应天之前。再具体就不好说了。

坦率直言，我对《宋明理学史》出现的问题并不感到意外。这部多次获奖的一百数十万言的大书（我是就当时标准讲的，按今天标准是不算大的）出自多人之手，各章节水平参差不齐，有的章节的史实错误有甚于凭空造出"胡主中国"者。同时我还想提请读者注意，作为一种理论，"华夷之辨"在不同时代不同人手里可以作不同解释，有很强的适应性。举例而言，生活在宋、辽、金鼎峙时代的宋人胡安国（1074—1138）是公认的持"华夷之辨"理论最烈的人，但他的《春秋传》后来却被列为元代科举考试的用书。南宋人目契丹、女真、蒙古为夷，谁知附随蒙古的北方汉族儒生也可指宋为夷。元世祖至元十三年（1276）元灭南宋，元军统帅伯颜向忽必烈拜表称贺，此表的汉文本一上来就说："国家之业大一统，海岳必明主是归；帝王之兵出万全，蛮夷敢天威之抗。"在这篇深浸儒家观念的贺表中，承接正统的是忽必烈，宋朝却成了"蛮夷"。贺表还说："独此岛夷，弗遵声教，谓江湖可以保逆命，舟楫可以敌王师。连兵负固，逾四十年，背德食言，难一二计。"[①]这就是统一者对"蛮夷"、"岛夷"的谴责。刘基举进士，有赖他那篇讲华夷之辨的《春秋义》；写《春秋明经》，不妨碍他为元效忠；辅朱元璋，共同打着华夷之辨的旗号；末后要为自己背元的行动辩解，又搬出了华夷之辨（详见本书第九章）。以上讲的都是事实。如果有哪位青年学子结合事实，写一篇全面阐明宋、辽、金、元、明诸朝汉族士人是如何演绎和运用华夷之辨理论的文章，那将是对中国史研究的一项贡献。

刘基中举后回到家乡，经过三年守阙，赴官上任。

---

① 《元史》卷一二七《伯颜传》。

二 沉沦下僚（1336—1352）

　　至正十六年（1356），刘基在《季山甫文集序》中说："予自丙子之岁宦游他方。"① 丙子为顺帝至元二年（1336），这年刘基正式踏上仕途，至江西瑞州路高安县任县丞。元自世祖至元二十年起，定江淮以南三万户以上的县为上县，设县丞。《元史·地理志》记高安县为上县，故知刘基任县丞时，高安当有户三万以上。县丞相当于今天的副县长。依制，名列第三甲的进士授正八品，所以刘基的仕途就从正八品开始。

　　元朝统治中国的时间，如果从忽必烈登汗位（1260）算起，到顺帝被赶出大都（1368），总共一百零八年。这一百零八年，大致可以分为前、中、后三个时期，前期为忽必烈时期（1260—1294），他一人统治了三十五年。中期从忽必烈孙子成宗铁穆耳即位（1295）算起，中经武宗、仁宗、英宗、泰定帝

---

　　① 《文集》卷一一。

四个皇帝，到文宗去世（1332），共是六个皇帝（不算两个短命皇帝），他们合起来统治了三十八年。后期即元顺帝统治时期，从1333年到1368年，又是一人统治三十五年。我们已经讲过，刘基举进士这年正是顺帝即位之年，此后刘基在顺帝朝当了二十年小官，直到投入朱元璋领导的造反队伍。

为了节省篇幅，本书不想追溯元朝前、中期的历史和分析元代社会的各种矛盾，对那些问题有兴趣的读者可以另找书看。这里只想提醒读者，刘基是南人，属于元代蒙古、色目、北人、南人四等人户中最低的一等；刘基家族是右族，即在地方上有钱有地位的一族；刘基家庭为儒户，即读书有文化的家庭。记住这三条，有助于理解刘基进入仕途后的基本政治立场。

当刘基进入仕途时，社会正处于怎样的状态呢？请看监察御史苏天爵在顺帝即位当年（也就是刘基举进士这年）给朝廷上的《建白时政五事》中说的话：

> 爰自近岁以来，云南土人作乱，海南黎蛮为梗，有司视为故常，不加安辑。迩者徭贼大肆猖獗，攻陷道州，杀掳官吏民庶。夫道州湖南一郡也，先此广西之民已被其害，今复转入内地，此其为患不细。方今天下虽号治平，然山东实股肱郡，去年河水为灾，五谷不登，黎民流冗者

众，朝廷间尝振给，犹未克赡。江淮之南，民复告饥。河北诸郡，盗贼已未获者三千余起。夫民穷为盗，盖岂得已，为民父母，顾将何如！岂可优游宴安，视若无事。伏惟朝廷宜急讲求弭安盗贼方略，振救饥民长策，使海宇清谧，黎民富足，实为宗社之至计也。①

苏天爵讲了云南、海南、湖南、广西、山东、江淮、河北等地的情况，灾民、流民、饥民遍地，民穷被迫为盗。不用多讲，读者也能想到，造成这种状况的原因无非是朝廷腐败、官吏贪婪以及阶级压迫、民族压迫的存在。而刘基一上任，遇到的是同样问题。《行状》写道：

〔基〕之官，以廉节著名，发奸擿伏，不避强御。为政严而有惠爱，小民自以为得慈父，而豪右数欲陷之。时上下咸知其廉平，卒莫能害也。新昌州有人命狱，府委公复检，案核得其故杀状。初检官得罢职罪，其家众倚蒙古根脚，欲害公以复仇。江西行省大臣素知公，遂辟为职官掾史，以谠直闻。后与幕官议事不合，遂投劾去。

---

① 《滋溪文稿》卷二六。

刘基这个年青小官因为严正廉洁而遭陷害，害他的既有豪右，还有"倚蒙古根脚"①的家庭。县丞当不下去，换个地方给较高的职官当助手，又因言语直率，与幕官不合，只好自投劾状离去。

刘基游宦江西五年，总的感受是有志难申，有才难施，满腹委屈。后来他在《送葛元哲归江西》诗中说："我昔筮仕筠阳初，官事窘束情事疏。风尘奔走仅五稔，满怀荆棘无人锄。"②筠阳是高安旧名。刘基宦游途中刚踏进第一站就感到官事难办了。那时元人笔下多有写官场黑暗、吏治腐败的。刘基后来写《送月忽难明德江浙府总管谢病去官序》，也讲到高安邻县临江（今江西樟树市）吏卒的狠恶情形：

> 余昔宦游高安。高安与临江邻，临江故多虎狼之卒，凡居城郭者素非良家，咸执鞭以为业。根据蔓附，累数百千辈，以鹰犬于府县。民有忤其一，必中以奇祸。官斥弗任，则群构而排去之。狱讼兴灭，一自其喜怒。有诉于

---

① 根脚：顾学颉、王学奇《元曲释词》谓："指家世、成分、出身、资历、底细等，……还包括籍贯和民族。"（中国社会科学出版社，1983年，第一册，页363）我看解释还可以放宽些，按现今民间语言，不妨释为背景。"倚蒙古根脚"，可释为"倚仗蒙古背景"。

② 《文集》卷八。

官，非其徒为之所，虽直必曲；获其助者，反是。百姓侧足畏避，号曰"笳鼓"。人莫解其意，或曰："谓其部党众而心力齐也。"余每闻而切齿焉，无能如之何也。①

月忽难是色目人，刘基说："会朝议以蒙古、色目氏参佐簿书曹官，于是江浙行省掾史月忽难公获选为临江路经历。"月忽难到任后对吏卒做了一番整顿，有所见效。大概因为他是色目人，"笳鼓"之徒不容易把他挤走。但是，在官吏普遍腐败的情况下，少数几个清官能有多大作为？

刘基在江西五年，从他的诗文看，官事虽然不顺，还是交了一些朋友。《行状》说，刘基任高安县丞时见到揭傒斯（字曼硕，1274—1344），"揭文安公曼硕见公，谓人曰：'此魏徵之流，而英特过之，将来济时器也。'"查揭傒斯从元统元年（1333）起一直在大都当官，至元元年（1335）任翰林待制兼国史院编修官，四年拜集贤院直学士。至元五年，可能是因为对秦王伯颜当政不满，他托病回江西丰城故里。次年伯颜被逐，揭傒斯复应召进京。② 从时间上看，刘基在行省掾史任上见过

① 《文集》卷一一。
② 黄溍《金华黄先生文集》卷二六《翰林侍讲学士揭公神道碑》。

揭傒斯是有可能的。但说揭傒斯把刘基比作魏徵，称赞刘基为将来济时器，我总是不相信。试问一句，当时是个怎样的政治环境？在那样的政治环境里，一个正不得意（正托病回家）的南人文士（集贤院直学士为从三品）把一个更不得意的八品南人掾史许为未来的济时器、魏徵，是独具慧眼呢，还是想入非非呢？莫非揭傒斯已经觉察到未来将发生朝代鼎革了？

　　至元六年（1340），刘基离开江西，回到青田。其后几年刘基做了什么，我们不清楚。《行状》只说刘基"隐居力学"，但未说隐居的起迄年。至正六年（1346），刘基曾赴大都，有《丙戌岁赴京师途中送徐明德归镇江》等诗为证。此次入京，《行状》只字未提，研究者以为刘基旨在托人谋官，称为"干谒"。近阅周松芳《刘基至正六年干谒事迹考论》，[①] 对刘基此次北上的往返行程、结果、心态作了细致的考辨，读后获益不少。干谒一词虽含贬意，但干谒的行为在元代儒林并非丑事，因为大家都理解觅官升官不易，尤其是江南学子。《行状》不提，很可能是因为提了有损于它有意塑造的刘基在元时的形象。《行状》刻意写基不求元亦不负元，但实际上刘基对元朝的功名是很在乎的。北上干谒收效甚微，仅得江浙儒学副提

---

　　① 载《浙江社会科学》2004 年第 2 期。

举，从七品而已，比几年前的高安县丞只高一等。而且，我们目前还弄不清儒学副提举任命于何时。周松芳的文章主张在至正六年底或七年初，虽不失为一说，但证据尚嫌不足。

至正八年（1348），刘基以儒学副提举职移居杭州。那时的政府教育部门同样是不干不净的，刘基在给一个朋友写的墓志铭中讲到这方面的情况：

> 至正八年，予初寓临安，交友未尽识也。求士于天台陶中立，得四明刘显仁焉，与之交，侃侃如也。时杭学教导职废，不择有学行，辄介有权力者，或以贿营为之。既弗称，皆惶惧自退。郡因令教官选文学之士不奔竞者，具礼往致聘，显仁与焉。显仁曰："吾心实不乐为此。今郡守以礼招予，予当为斯文一出，然不能久也。"①

可见当时的教育部门也存在权钱交易，所幸还有文学之士如刘基、刘显仁这样的人。

刘基在杭州住到至正十二年（1352）春天，大约在十一年八月他因病辞去了儒学副提举职务。他对长期待在从七品职务

---

① 《文集》卷一三《刘显仁墓志铭》。

上当然是不满意的，十一年十月他在《送钱士能至建昌知州序》中说：

> 往时予与钱君士能同日辟掾江西行省，故其交为最厚。岁余，士能与幕官论事不合，拂衣去。未几，余亦以朽钝辞归，不得见者九年矣。乃今年十月，遇于杭。予以从仕郎为儒学副提举，又以疾谢事；而士能以奉议大夫为建昌知州，方之官。大夫士之工词章者，咸赋诗以为饯，俾予序焉。夫士能与予同以职官充簿书役，又同以事辞，其出处甚类，而九年之间相去越五等，何县绝耶！今既见而喜，喜而思语故旧，则凄以悲，又自庆其相逢于未老而俱无恙也。夫物之生，患不得其所性。射干处于曾崖而藏莨茂于陂池，不以所不愿易其所愿。今士能以长才方为世用，而余之朽且钝愈加于昔日，天将全之，俾各获其志，则一进而一止，岂不俱洋洋也哉？勉哉士能！知者劳之，愚者安之，予亦有赖于君矣。①

从仕郎是从七品，奉议大夫是正五品，所以刘基感叹他与钱士

---

① 《文集》卷一四。

能"九年之间相去越五等"。刘基说自己"以疾谢事"，应该是真的。他在《送常山县达鲁花赤乐九成之官序》中说："至正辛卯秋八月，予卧病浙江之滨。"① 又在《杭州实庵和尚福严寺记》中说："至正辛卯寺成，……予时卧病江浒。"② 两段话都证明刘基当时的确染病在床。这次辞职的原因，《行状》说：

> 后为江浙儒学副提举，为行省考试官。顷之，建言监察御史失职事，为台宪所沮，遂移文决去。

与刘基自言"以疾谢事"相比，《行状》所言显然失实。刘基与钱士能当初在江西"其交为最厚"，这篇送行的序文又是应大家的要求写的，他不会谎言自己辞职的原因。说谎的是《行状》，《行状》要制造刘基言事受沮的悲情。在本书下一章中，读者还可看到《行状》如何制造了刘基被"羁管"绍兴的悲情。

就在刘基卧病江浒的时候，一支反元起义队伍在今天的湖北地区兴起。十月，这支队伍在蕲水（今浠水）建国天完，其

---

① 《文集》卷一一。
② 《文集》卷一二。

军称红巾军。至正十二年三月，天完红巾军将领项普略率众连克饶州（治今江西波阳）、信州（治今江西上饶）两路。此前刘基尚未离开杭州，后来他自己说"予时已具舟将归，……会饶、信告急声汹汹，予狼狈上道。"① 四个月后，七月十七日，杭州也被红巾军攻占。二十六日，元军复杭州，"举火焚城，残荡殆尽"。② 次年刘基因事返杭，目睹杭州破败状，因作《悲杭城》，③ 这里就不引了。

---

① 《文集》卷一二《杭州实庵和尚福严寺记》。
② 陶宗仪《南村辍耕录》卷二八《刑赏失宜》。
③ 《文集》卷八。

三 招降方国珍，寓居绍兴（1353—1356）

方国珍（1319—1374）是台州黄岩（今属浙江）人。世代以贩盐浮海为业。至正八年（1348），因受官府迫害，方国珍与其兄国璋、弟国瑛、国珉及邻里逃亡海上，聚得数千人，劫夺漕运粮，执元海道千户。元廷剿捕失败，改用招抚，授方氏兄弟官职。至正十一年，方氏兄弟复反。次年三月，杀元台州路达鲁花赤泰不花，攻温、台、庆元（治今浙江宁波）三路。十一月，元命江浙行省左丞帖里帖木耳总兵讨方国珍。方国珍闻讯请降。十三年三月，元改命帖里帖木耳与江南行台侍御史左答纳失里招谕方国珍。[1] 刘基先以浙东元帅府都事身份参与庆元的设防，继而调任江浙行省都事，助帖里帖木耳招安方国珍。招安事毕，刘基携家移居绍兴，在那里住到至正十六年二

---

① 以上据《元史》卷四二、四三《顺帝纪》。请参阅《元代农民战争史料汇编》中编第二分册《方国珍部》，中华书局，1985年。

月。今人论述刘基这段经历，都讲他反对招安方国珍，因而被元廷执政者"羁管"于绍兴。此说有《明史·刘基传》为据，其源则出于《行状》。《行状》原文如下：

> 方国珍反海上，省宪复举公为浙东元帅府都事。公即与元帅纳邻哈剌谋筑庆元等城，贼不敢犯。及帖里帖木耳左丞招谕方寇，复辟公为行省都事，议收复。公建议招捕，以为方氏首乱，掠平民，杀官吏，是兄弟宜捕而斩之，余党胁从诖误，宜从招安议。方氏兄弟闻之惧，请重赂公，公悉却不受，执前议益坚。帖里帖木耳左丞使其兄子省都镇抚以公所议请于朝，方氏乃悉其贿使人浮海至燕京。省、院、台俱纳之，准招安，授国珍以官。乃驳公所议，以为伤朝廷好生之仁，且擅作威福，罢帖里帖木耳辈，羁管公于绍兴。公发愤恸哭，呕血数升，欲自杀，家人叶性等力沮之。门人密理沙曰："今是非混淆，岂公自经于沟渎之时耶！且太夫人在堂，将何依乎？"遂抱持，公得不死，因有痰气疾。是后方氏遂横莫能制，山越皆从乱如归。

《行状》这段叙事，看起来言之凿凿，但经不起与其他记载核对。

首先，关于帖里帖木耳任事与罢官的经过，《元史·顺帝纪》有以下几条记载：

（至正十二年十一月）癸未，命江浙行省左丞帖里帖木儿总兵讨方国珍。

（至正十三年正月）丙子，方国珍复降。

（至正十三年三月）命江浙行省左丞帖里帖木儿、江南行台侍御史左答纳失里招谕方国珍。

（至正十三年十月）庚戌，从帖里帖木儿、左答纳失里之请，授方国珍徽州路治中，国璋广德路治中，国瑛信州路治中，督遣之任。国珍疑惧，不受命。

（至正十四年）四月，……御史台臣纠言江浙行省左丞帖里帖木儿等罪。先是帖里帖木儿与江南行台侍御史左答纳失里奉旨招谕方国珍，报国珍已降，乞立巡防千户所，朝廷授以五品流官，令纳其船，散遣徒众，国珍不从，拥船一千三百余艘，仍据海道，阻绝粮运，以故归罪二人。以江浙行省参知政事阿儿温沙升本省右丞，浙东宣慰使恩宁普为江浙行省参知政事，皆总兵讨方国珍。

《元史》这几条记载与《行状》所述迥然不同。第一，按照《行状》，刘基反对招安方氏，得到帖里帖木耳支持，以刘基所议请于朝；根据《元史》，元朝授方氏官职，乃是从帖里帖木耳等所请，帖里帖木耳等是主张招安方氏的。第二，按照《行状》，帖里帖木耳等被罢官是因为他们反对招安方氏；根据《元史》，他们被纠劾则是因为他们先报方国珍已降，其后方国珍却"仍据海道，阻绝粮运"，帖里帖木耳等有上报不实之罪。第三，按照《行状》，方国珍因有朝廷大臣庇护，在帖里帖木耳等罢官之后"遂横莫能制"；根据《元史》，方国珍复反是在帖里帖木耳等罢官之前，是元廷采取的瓦解他们的措施激起的。第四，按照《行状》，是元廷当政者包庇了方国珍；根据《元史》，元廷当政者对方国珍并不姑息，一见招安瓦解不成，立即另行派兵讨伐。《元史》与《行状》，谁的记述可信？我看是《元史》。这不仅因为《元史》的记载取自官方文档，首尾一贯，有月日可稽，还因为它得到当事人刘基的印证。

至正十三年秋冬间，刘基写有两篇文章，讲到招安方氏兄弟的经过。第一篇是《台州路新修城濠碑》，其文先述至正十二年前行政院判字颜忽都以廉能被选用为台州路达鲁花赤，接着说：

明年，中书参知政事资善公（帖里帖木耳）受命为江浙行省左丞，领海右征讨事。寇闻兵旦至，即纳款行省乞降，公遂改受命，与江南行台侍御史资善公（左答纳失里）同察便宜招谕。二公既至，寇乃卒降，上于朝，未报。其年夏六月大雨水溢，城堕且半，众议谓筑城以防寇，今寇既涤为民，城当且勿修。君（孛颜忽都）乃跻其老于庭，谓之曰："……汝其鉴于饶、徽、杭、常，① 无偷小康，以大乃劳……"众悟，咸应曰："诺。"……秋八月，城成。②

第二篇是《台州路重建天妃庙碑》，其文云：

至正十有一年，方国珍复乱海上。……又明年，中书参知政事帖理帖穆尔出为江浙行省左丞，领征讨事。贼闻之，因温州守帅吴世显纳款请降。奏上，有诏命左丞公与南台侍御史左答纳失理同往，察便宜以行招讨。二公既受命，至台州，遣使宣谕。方氏兄弟大感悟，悔罪，悉归所

---

① 这四个城市都是天完红巾军在至正十二年攻占过的。
② 《文集》卷一四。

俘民，愿岁帅其徒防漕粮至直沽以自效。于是海上既宁，惟天妃之神无所于栖，……乃即故祠之墟买民地以广之，命达鲁花赤字颜忽都治其役。乃十月己酉，庙城。……于是括苍刘基既叙其事，复作迎享送神之章，俾歌以祀神。①

刘基这两篇碑文所述，与前引《元史·顺帝纪》的记载是吻合的。事情很清楚，元廷在至正十二年十一月派帖里帖木耳率兵征讨方国珍，方氏兄弟闻讯主动请降，帖里帖木耳的任务遂由征讨改为招谕。其后帖里帖木耳以招谕结果上报朝廷，请授方氏兄弟官职。十月庚戌（十六日），元廷从帖里帖木耳等所请，决定分授方氏兄弟为徽州、广德、信州三路治中，这一天恰好是台州天妃庙建成（己酉，十五日）次日，所以我们知道，帖里帖木耳早在元廷做出决定之前就已接受了方氏兄弟的归降，他根本不可能反对招安方氏。至于刘基对招安方氏的态度，在两篇碑文中也表露得很明白，无论他此前或以后会有什么异议，在写两篇碑文时至少是乐观其成的，否则就不会说"方氏兄弟大感悟"这类话了。由此可见，不存在帖里帖木耳、刘基等反对招安方氏的事情，《行状》关于帖里帖木耳、刘基因反

———————————

① 《文集》卷一三。

对招安方氏而得罪的说法，完全出于臆造。

在招安方氏结束以后，刘基的确携家到了绍兴。他自己说：

> 甲午之岁，余挈家来绍兴。①
>
> 至正十四年春二月，予以事至萧山，过故人包遇善，留舍于其棣萼之轩。明日，予还居越。②

既然说是"还居越"，他移居绍兴应当是在去萧山之前，时间不会晚于二月，比帖里帖木耳被纠劾早两个月。这表明，刘基携家居越同帖里帖木耳罢官无关，不是什么"羁管"。他本来是"奉省檄佐戎浙东的"，及至"方氏纳款请降，凡以兵事进者措勿用"，③便离开了台州。他不回青田而由台州直接赴越的原因，在他的文章中也有说明：

> 至正甲午，盗起瓯括间，予辟地之会稽。④

---

① 《文集》卷一一《赠医学录江仲谦序》。
② 《文集》卷一二《棣萼轩记》。
③ 《文集》卷一四《送顺师住持瑞岩寺序》。
④ 《文集》卷一一《王原章诗集序》。

他在这年九月写的一篇文章说得更明白：

> 至正十四年，予自台之越，居城之南陬。……予以今
> 年春始来越，是时浙东六郡皆警于盗，惟越为无事，故士
> 大夫之避地者多在越。或有谓予曰："越之从政者鄙，又
> 左右皆凶人，恐不能和其民。万一变生肘腋，子将安之？"
> 予方谋适他所，忽有言者曰："子阳公且来归。"公往在
> 婺，有惠爱孚于民，予尝闻之，则大喜，默为越人庆，而
> 又自庆其得贤地主以为依而安处也。①

上两篇文章都讲了，他携家至越为的是避"盗"。从至正
十三年起，浙东地区民变蜂起，"时处之属县皆有贼"，② 刘基
家乡青田吴德祥一支尤其著名。宋濂说："青田吴德祥啸众倡
乱，焚掠府库，室人女妇，日杀伤无算。处、温、婺及建宁均
被其毒。"③ 苏伯衡也说："至正甲午，松阳、青田、缙云盗附
和起，四出剽掠。"④ 被刘基、宋濂、苏伯衡称为"盗贼"的武

---

① 《文集》卷一一《书绍兴府达鲁花赤九十子阳德政诗后》。
② 《文集》卷一四《处州分元帅府同知副都元帅石抹公德政碑颂》。
③ 《宋文宪公全集》卷四三《叶治中历官记》。
④ 《苏平仲文集》卷一二《竹坡处士俞元瑞墓志铭》。

装队伍多是当地农民组成的，他们的造反行为延续数年，迫使
富家豪族外逃避难。刘基携家去越，完全是他本人的选择。他
讲了，如果不是子阳随即来绍兴任路达鲁花赤，他要另择别
处。子阳即宁夏人迈里古思，《元史》卷一八八有传。

　　刘基在绍兴住了整两年（他有时候说三年，是就所跨年度
而言的），从他这两年写下的诗文看，过得相当闲适。他到绍
兴不久，便投入寓官、士人的交游中。他说：

　　　　甲午之春，予避地会稽，始识祝茂卿于吴君以时之
　　所。三月既暮，茂卿之牡丹大开，因得与寓官郡士往
　　观焉。①

　　　　至正甲午，予来会稽，因得与群士大夫为宝林之游，
　　而赋诗倡和无虚日焉。②

"宝林"是佛寺名。刘基在与绍兴士人的交往中还结识了一些
僧人和道士。

　　刘基非常欣赏绍兴山水之美，他说：

---

① 《文集》卷一一《牡丹会诗序》。
② 《文集》卷一一《送道士张玄中归桐柏观诗序》。

语东南山水之美者，莫不曰会稽。岂其他无山水哉？多于山则深沉杳绝，使人憀凄而寂寥；多于水则旷漾浩汗，使人望洋而靡漫。独会稽为得其中，虽有曾峦复冈，而无梯磴攀陟之劳；大湖长溪，而无激冲漂覆之虞。于是适意游赏者，莫不乐往而忘疲焉。①

徜徉于山水之间，是刘基在绍兴的一大乐趣，留下多篇游记。

刘基在绍兴写有《遣兴》六首，很能反映他当时的闲适心情，下面引的是前三首：

避地适他乡，息肩谢羁束。生事未有涯，暂止聊自足。南园②实清旷，可以永幽独。层楼面群山，俯见湖水绿。杂英被郊甸，鱼鸟得栖宿。登临且慰意，未暇计远躅。圣贤有遗训，知命夫何卜。

积雨兼数旬，天气凉有余。青苔交户庭，始觉人迹疏。地主多闲园，可以种我蔬。儿童四五人，蔓草相与锄。既倦则归休，卧阅床上书。无事且为乐，何者为

---

① 《文集》卷一二《游云门记》。
② 南园：刘基在越，赁南园王氏民居，主人名王元实。见《文集》卷一一《送余希贤归江东序》、卷一二《裕轩记》。

名誉。

　　夏日苦太长，夜景良可爱。华月吐曾岑，遥天碧如黛。披衣更登楼，稽山正相对。澄湖晶空明，浮云去无碍。遗荣世何人，贺老①今不在。凉风吹毛发，坐久增感慨。②

　　但是，闲适只是当时刘基心境的一个方面，从本性上讲，刘基是功名场中人，他是不会忘记朝廷和国家大事的。在移居绍兴第一年的四月十七日，刘基写了一首五言诗，很值得我们一读：

　　宿雨霁初节，群山绿如洗。流霞绚琳宇，旭日射丹荣。鸣钟趋梵宫，焚香望天陛。遥遥蜂蚁忱，惓惓葵藿礼。万年主寿长，百拜臣首稽。竣事陟华轩，敦请属芳醴。太师祇园英，聪明实神启。诸公俱俊髦，文藻压班衍。肃雍周簠簋，古怪夏追蠡。《鹿鸣》歌苹蒿，《鱼丽》咏鲂鳢。剑气星有辉，珠光海无底。嘉会非寻常，令德更

---

① 贺老：唐朝越州诗人贺知章（约659—约744）。
② 《文集》卷七。

岂弟。澄心映空旷，涤虑俯清沘。看竹风泠泠，折花露泥泥。纤徐睇溟瀛，缅邈想淮济。巍巍世皇业，乔岳深根柢。螳螂亢齐斧，碎首堪立徯。农郊卜甘岁，已嘉先抽荑。层楼盼北极，祥光应周髀。中山致曲蘖，东吴来秫米。宴酾定有期，玉缸浮盎醴。

这首诗题为《天寿节，同诸寓臣拜于宝林教寺。礼毕，登槃翠轩，分韵得稽字》。① 元制，在位皇帝生日这天为天寿节，臣下须行庆贺礼，"内之大臣宰执百司行于朝，外而省台郡县行于治所，其寓公、出使官及居家需次大夫士则于近地寺观行之"。② 宝林寺在绍兴城南龟山，离刘基住地南园很近。刘基在《送道士张玄中归桐柏观诗序》中说："别峰上人既住宝林十有七年，道高德隆，百废咸理。乃重建槃翠之轩，以游息四方之文学士。于是丛林之望益重，而龟山之胜为于越冠。"③ 故而寓居绍兴的官员们选在宝林寺行庆贺礼。顺帝妥欢贴睦尔生于延祐七年（1320）四月丙寅（十七日），刘基的诗没有提到写作年份，但根据诗中对"太师"脱脱的赞颂，可以断定诗写于至

———————

① 《文集》卷一四。
② 朱右《白云稿》卷五《天寿圣节庆贺诗序》。
③ 《文集》卷一一。

正十四年，因为脱脱在同年底便被罢黜，刘基的诗不可能写于十五年四月。

天寿节臣下行庆贺礼是例行公事，但刘基的贺诗并非纯是应景之作，它倾注了刘基对元廷的全副感情，也表达了刘基的时局观。至正十四年是红巾起义的第四年，元军在十三年战胜天完红巾军，恢复对长江中下游的控制，但全国的局势仍不稳定，各地人民的反元起义此伏彼起。一个突出的事例是张士诚取得高邮，于至正十四年建国大周。处在这种形势下，连家乡都难回的刘基却对元朝的统治充满信心。他坚信由忽必烈开创的元室皇业根深柢固、不可动摇，而各地的反元队伍则如斧钺下的螳螂，转眼便会被粉碎。尤其需要注意的是，在这首诗里，刘基不仅以蜂蚁之忱、葵藿之心遥拜顺帝寿长万年，还特别称颂太师脱脱如佛国祇园中聪明神启的精英。在一首为皇帝祝寿的诗里本来没有必要兼颂太师，如果刘基不是由衷地钦佩脱脱，他不会这样写。那么，刘基究竟钦佩脱脱什么呢？可以说，不了解这点就不可能真正了解刘基那时的政治立场。为此，我们必须看看脱脱其人。

脱脱是蒙古人，篾儿乞氏。他的祖先是窝阔台宿卫。曾祖称海，随蒙哥侵宋，战死。祖父谨只儿，总领世祖南必皇后宫中宿卫。伯父伯颜，随武宗海山北征海都，屡立战功，后来又以扶立文宗图帖睦尔有功封王,任中书左丞相,拜太傅,权位仅次于太师、中书右丞相燕铁木儿。至顺四年(1333,即元统元年)春燕铁木儿死。六月,顺帝即位,授伯颜太师、中书右丞相、上柱国、监修国史,兼奎章阁大学士。十一月,伯颜晋封秦王。伯颜权倾朝野,带动了脱脱地位迅速上升。后来脱脱任相,也同伯颜直接相关,但并非仰仗伯颜荫庇,而是靠"大义灭亲",帮助顺帝驱除伯颜立功。

从元统元年算起,伯颜掌大权七年,其人其事有许多可说的,但我们只想简单交代两点。第一,其人专横跋扈,藐视顺帝,擅贬宗王。第二,其人轻视汉人与汉文化,使皇庆二年开始运作的科举制中断了七年。由于专横跋扈,他最终落得"变乱祖宗成宪"的严重罪名。① 由于停罢科举,他在汉族儒士中留下了永难磨灭的骂名。

脱脱字大用,是伯颜之弟马札儿台的儿子,生于仁宗延祐元年(1314),比刘基小三岁。他幼年养于伯颜家,从浦江(今属浙江)名儒吴直方学汉文化。十五岁时为泰定帝皇太子怯怜口怯薛官,二十五岁已进为御史大夫。虽然他升迁迅速多赖伯颜掌权,他却对伯颜的专横跋扈不以为然,担心伯颜一旦

---

① 《元史》卷一三八《伯颜传》。

倒台会连累全族。他同马札儿台、吴直方商议，决定"大义灭亲"，主动通过顺帝近侍向顺帝"自陈忘家徇国之义"。经顺帝同意，脱脱在至元六年（1340）二月十五日趁伯颜去柳林（今北京通县南）狩猎，紧闭大都各门，拒绝让伯颜返回，宣读顺帝诏书，驱逐伯颜。事变当天顺帝就授马札儿台太师、中书右丞相，脱脱知枢密院事。三月十八日，顺帝下诏徙伯颜于南恩州阳春县（今属广东）安置。伯颜病死途中。

至元七年正月，顺帝下诏改元至正，同时任脱脱为中书右丞相。从此时起，到至正四年（1344）五月因病去职，脱脱主持朝政三年半，是他第一次任相。其后五年，三个平庸人物相继任右丞相，都无作为。五年中自然灾害频仍，官府腐败益厉，阶级矛盾加剧，饥民、流民群起暴动。顺帝对国家状况并非完全无知，至正七年七月十七日他在谕中书省以下内外诸衙门官吏的圣旨中称：

　　惟我世祖皇帝，继天立极，迈德庇人，致俗化于和平，拯生灵于涂炭，立中书省总理庶务，建御史台纠按百司，犹股肱耳目之相资，规距准绳之相正，列圣世守垂九十年，功存于人，泽流于后。肆予小子，获缵鸿基，念祖宗创业之艰难，思古今守成之不易，惧德弗嗣，罔敢怠荒。然以长于深宫之中，暗于经国之务，弗精委任，遽堕纪纲。系狱之囚，冤抑莫释；在位之士，奸恶犹存。耕桑废于田庐，风俗趋于浇薄。重以和平未洽，灾沴荐臻，水旱连年，盗贼时起，富民被掠，农人阻饥。得非股肱失于维持，无乃风纪怠于纠察，缅求其故，咎实在予。①

话说得比较诚恳，接着也开出一些治理条例，想搞点廉政建设，缓和一下社会矛盾。但冰冻三尺非一日之寒，此时的元朝政府已病入膏肓，难有救药了。焦虑之中，顺帝于至正九年闰七月再次请脱脱出任中书右丞相。脱脱此次任相为时约五年半，至十四年十一月被逐。

脱脱前后任相九年。在他第一次任相期间，由于更改他的前任伯颜的某些施政，就已获得"贤相"的美名。《元史·脱脱传》称，脱脱当政"乃悉更伯颜旧政，复科举取士法，复行太庙四时祭，雪郯王彻彻秃之冤，召还宣让、威顺二王，使居旧藩，以阿鲁图正亲王之位，开马禁，减盐额，蠲负逋，又开经筵，遴选儒臣以劝讲，而脱脱实领经筵事。中外翕然称为贤

---

① 《宪台通纪续集·作新风宪制》，见《宪台通纪（外三种）》，浙江古籍出版社，2002年。

相。"另一件受汉族儒士重视的事，便是主持修辽、宋、金三史。当时有人称脱脱的施政为"更化"，意即更改伯颜旧政；今天的元史学者也沿用这个说法并给以相当高的评价。但是，认真推敲，对所谓的"更化"是不宜评价过高的。这首先是因为《元史·脱脱传》记载不实，它在"悉改伯颜旧政"的名义下列举的那些事项，有一些本是伯颜时期就有的，例如"减盐额，蠲负逋"，伯颜当政时并未少做；那时经筵也未废止。归纳起来，脱脱"更化"的作用主要是调整了统治阶级内部关系，这体现在三个方面：第一，他恪守臣节，不像在他之前的两个右丞相燕铁木儿和伯颜那样跋扈擅权，摆正了宰相同皇帝的关系，故而《元史》说他"事君之际，始终不失臣节"；第二，他为曾受伯颜惩治的郯王彻彻秃、宣让王帖木儿不花、威顺王宽彻普化三个宗王平反，维护了黄金家族不可侵犯的地位，缓解了宗王们同朝廷的紧张关系；第三，恢复了伯颜当政期间被废止的科举取士制度，又吸引儒士参加编修辽、宋、金三史，笼络了汉族士人阶层。这就是脱脱被称为"贤相"的原因。"更化"没有给下层老百姓的生活带来什么好处；存在于元统、至元年间的社会动荡，在"更化"期间和"更化"之后情况依旧。翻开《元史》，你会读到大量的有关各地民变蜂起的记载。

至正九年七月脱脱复任右丞相以后，五年间又抓了变更钞法、治理黄河和镇压人民反抗这三件大事。变更钞法的实质是搜括百姓财富,当时民间讥为"钞买钞"(今日可称之为炒钱),故而新钞发行后引起通货急剧膨胀,为百姓所痛恨。治理黄河从历史的角度看是有积极意义的,但在贪官污吏横行的当时必然加重人民负担。三件大事中最引当时人注目的是脱脱对农民起义的镇压。

至正十一年(1351)五月初,在治河工程上马仅十天之后,在工地以南数百里的颍上(今属安徽)爆发了反元起义。起义的组织者是白莲教徒韩山童、杜遵道、刘福通等。起义刚开始就遭官府镇压,韩山童被杀,其子韩林儿随母杨氏逃往武安(今江苏徐州)。刘福通率众攻占颍州(今安徽阜阳),接着又攻克亳州(今安徽亳县)、项城(今河南沈丘)、朱皋(今河南固始西北)、罗山、真阳(今河南正阳)、确山、汝宁(今河南汝南)、息州(今河南息县)、光州(今河南潢川)等地。消息传开,各地群众纷纷响应。《庚申外史》说:"荆、汉、许、汝、山东、丰、沛以及两淮红军皆起应之。颍上者推杜遵道为首,陷成皋,据仓粟,从者数十万,陷汝宁、光、息、信阳。蕲、黄者宗彭莹玉和尚,又推徐真逸为首,陷德安、沔阳、安陆、江陵、江西诸郡。起湘、汉者推布王三、孟海马为首。布王三号北琐红军,奄有唐、邓、南阳、嵩、汝、河南府;孟海马号南琐红军，奄有均、房、襄阳、归、峡。起丰、沛者，推芝麻李为首……奄有徐州近县及宿州、五河、虹县、丰、沛、灵璧，西并安丰、濠、泗。"应该指出，《庚申外史》作者权衡所记，大多得自传闻，在人物、时间、地点上有不少疏误，他只是模糊地描述了当时形势的大概。但是我们从中可以看出，从至正十一年起，元朝已陷入天下大乱的境地。

是什么原因导致天下大乱呢？有一个人在元亡之前说得很深刻，这个人就是危素。

危素是江西金溪人，曾参加修撰《宋史》，大约在至正十七年（1357）他任礼部尚书时，写了一篇《书张承基传后》，文中说：

> 今承平七十年矣，会天灾流行，盗起东海，曾不满三百人，横行山东、河北，若蹈无人之境，此有识者固为国家深长忧矣。虽鼠窃狗偷，曾何足为虑，然处之必有其道，制之必有其方，乌得坐视其俘虏杀戮，使骨肉离散，田莱荒芜，而邈乎不加之意也。此其所有来非一日矣。初，国朝既定中原，制赋役之法，不取诸土田而取诸户口，故富者愈富，贫者愈贫。贫者鬻妻子以供上，不幸而有水旱之灾，则弱者死沟壑，强者为盗贼，于是素怀奸宄

者因之以为乱。①

危素这段话触及了事情的本质，元末天下大乱的确是由"富者愈富，贫者愈贫"引起的，广大贫苦农民的起义终于导致元朝灭亡。

在《庚申外史》列举的许多起义队伍中，最具农民起义特色的是徐寿辉、邹普胜领导的天完红巾军。他们在至正十一年十月建都于蕲水（今湖北浠水），在不到一年的时间里蔓延大半个江南。明末的史学家谈迁说，天完军"遣将所摧陷，几海内之半"。② 他们提出了响亮的战斗口号："摧富益贫"。他们在至正十二年七月攻占过元江浙行省省治杭州，也进入过刘基的家乡处州。③

面对全国性的农民起义，由脱脱总持庶政的元朝廷首先采取的办法就是武力镇压。《元史·顺帝纪》至正十二年的纪事充满了元廷调兵遣将的记录。同时，元廷又采取了一些防范汉人的措施，如"拘刷河南、陕西、辽阳三省及上都、大都、腹里（元代中书省直辖区的别称，意为腹心之地，包括今河北、

---

① 《危太朴文续集》卷九。
② 《国榷》卷一。
③ 参看拙作《天完大汉红巾军史述论》，载《元史论丛》第一辑。

山东、山西及内蒙古部分地区）等处人马"。但是，元廷也明白，起来造反的只是贫苦人民，汉族地主阶级是站在自己一边的。为了拉拢南方的地主阶级，顺帝在至正十二年三月下诏："南人有才学者，依世祖旧制，中书省、枢密院、御史台皆用之。"① 这一招相当有效，当时居于太平（今安徽当涂）的儒生陶安立刻就有反应。陶安在《送许经历序》一文中先对元廷原来歧视南方士人的做法表示不满，说："数十年来，南人不得仕省、台、院、部，仅补远道宪史。……向使累朝股肱耳目之臣祗率世祖旧章，南北人才视之无间，俾其君子汇进，小人爱戴，而致治之美垂衍无疆。夫何安生区别于一统之朝，日益猜忌。怀愤诸人亦以摈弃不录，构衅引类，发于长淮数千里间，蔓延江左，干戈烂熳，亦有以致之也。"接着，陶安对元廷新的规定寄予希望："比者悔过，复国初之制，产自吴、楚者得与中原人等，则许君秩满，铨司考绩，非复向时之待南人者比。予因其行，以卜世道云尔。"② 可以说，陶安的话反映了绝大多数江南士人的心态，其中自然包括刘基。

那时的脱脱不仅主持庶政，而且还带兵出征。至正十一年

---

① 《元史》卷四二《顺帝纪》五。
② 《陶学士文集》卷一四。

八月，邳州（今江苏邳县南）人芝麻李领导的红巾军轻而易举地攻取了徐州。鉴于徐州地理位置重要，脱脱在至正十二年七月请亲自出师征讨，顺帝立即应允。九月二十一日，脱脱攻破徐州，竟搬出百年前蒙古军攻城略地时的老办法，"屠其城"。① 明代正统（1436—1449）年间修的《彭城志》（彭城即徐州）记载："元末，丞相脱脱既平芝麻李之乱，而阖城人民无遗者。至国初，犹白骨蔽地，草莽弥望。"② 农民起义在至正十三年相对沉寂，与脱脱实行的坚决镇压的政策有关。至正十四年正月，张士诚占据高邮（今属江苏），建国大周。九月，顺帝命脱脱总制诸王诸省军讨伐高邮，兵众号称百万。十一月，元兵抵高邮，连战皆捷。眼看高邮将下，顺帝忌脱脱权力过重，突然下诏责脱脱"老师费财"，削脱脱官爵，夺其兵权。百万元军一时四散，高邮转危为安。脱脱次年被流放云南大理，中毒死。

刘基的《天寿节》诗写于至正十四年四月，正值脱脱在元廷威望最高的时候。在我们介绍了脱脱其人之后，读者可能已经看出刘基何以那么钦佩脱脱了。刘基钦佩脱脱的主要原因不

---

① 《元史》卷四二《顺帝纪》、卷三八《脱脱传》。
② 《正统彭城志》卷七《古迹》。

外三点：第一是脱脱恪守臣节，不像燕铁木儿和伯颜那样擅权
跋扈；第二是脱脱恢复科举，允许南人士子进入省、台、院；
第三是脱脱坚决镇压红巾起义。刘基未必赞同脱脱执政期间的
所有措施，但有这三点已足够了，因为忠君符合刘基的观念，
笼络南人士子符合刘基愿望，坚决镇压红巾有利于刘基所属右
族的利益。由于钦佩脱脱，信任脱脱，此时的刘基深信各地的
反元起义不久便会被镇压下去。刘基此时的思想也是江南许多
出身右族的儒士的思想，本书下章还要讲到这个问题。这里我
要提请读者注意，包括刘基在内的汉族儒士在称赞脱脱时大多
无视他屠杀徐州人民的行为，这些儒士看重的是自己和本阶级
本阶层的利益，故而在他们的心目中徐州人民的生命远不如三
年一开的科场取士重要，这就叫做阶级局限。现今赞扬刘基具
有"民本"思想的文章不少；我以为，在赞扬刘基的"民本"
思想时至少要把他对农民起义的态度考虑进去。

　　客居绍兴毕竟是不得已的，所以刘基有时也会为自己的身
世处境发出感叹。也是在至正十四年，他写了一篇《寄陶中立
郭秉心叙旧言怀》：

　　　　为别未五载，恍如生死隔。有时长想愁欲狂，中夜感
　　叹无羽翼。忆昔相逢俱壮年，钱唐柳绿花含烟。粉墙缭绕

子云宅，华灯照幕自草玄。……论文握手到尔汝，知有胶漆无参商。君行却向江东去，我亦栖迟广文署。震泽风惊白雁秋，玉山露落青枫暮。井邑萧条劫火余，行人何处问缄书。传闻那得辨真假，引领遥望空嗟吁。今年飘泊越城里，重见手书悲且喜。旧游虽在旧人非，独立看云泪如水。羡君绛帐开海滨，彩衣堂上生阳春。艰危大幸适乐土，况有主翁贤且仁。嗟余数与时不偶，画虎不成只类狗。家乡荡析身转蓬，弃置田园事奔走。豺狼在郊蛇在薮，府县官曹但糊口。藩垣久厌边鄙报，庞丘载驰徒疾首。……殷勤寄情素，会面未有期。愿言努力各自慰，莫遣青鬓先成丝。①

这首诗是寄给友人陶中立、郭秉心的。中立名凯，台州临海人，刘基集中有一篇《孝友堂记》② 就是为他写的。至正八年刘基寓杭时，陶凯也在杭，并为刘基介绍了刘显仁。郭秉心其人不详。诗云"为别未五载"，估计陶、郭两人至正九年或十年尚在杭州。广文署指儒学提举司，乐土即越城。主翁，指绍

---

① 《文集》卷八。
② 《文集》卷一二。

兴路达鲁花赤迈里古思。诗中讲了自身的艰危，也讲了官府的困境，但全诗透出的情绪并不悲观。"愿言努力各自慰，莫遣青鬓先成丝。"他对未来还怀有期待，正如他的《天寿节》诗表露的那样。

脱脱之死，在刘基的诗文中未见有什么直接的反应。刘基在至正十五年游兴不减，留下游记多篇。至正十六年春，江浙行省檄他与石抹宜孙同守处州，他立即勉力从命。启程赴任时，写下一首五言诗《丙申二月别绍兴诸公》：

> 劳生属时艰，将老萃忧戚。风尘隘九野，何土为乐国。兹邦控吴越，名胜闻自昔。湖山竞奇丽，物产亦充斥。交游尚质俭，而不事华饰。况有良友朋，时来尉岑寂。全家免寒饿，几欲忘旅客。胡为复舍此，黾勉就行役。轩车远追送，酒至泪辄滴。还乡人所乐，我独愁苦剧。……①

就这样，刘基依依不舍地离开了他客居两年的绍兴城。

以上就是至正十四年至十六年刘基移家绍兴的始末。据此

---

① 《文集》卷七。

不难判断，所谓"羁管"绍兴，所谓"呕血数升，欲自杀"，全是《行状》作者有意编造的不实之词。六百年来，这些不实之词矇骗了许多人，未见有人对其产生过怀疑。高明如钱谦益①、钱穆②，虽然对《行状》某些说法提出异议，对"羁管"之说却深信不疑。如果我们不核对《元史》，如果我们不读成化本《文集》，也难揭示"羁管"说的真相。这里尤其要重视成化本，因为上引刘基在台州撰写的两通碑文，在嘉靖、隆庆本中都被拿掉了。

---

① 《牧斋初学集》卷一〇二《太祖实录辩证》二。
② 《读明初开国诸臣诗文集》，载《新亚学报》第六卷第二期。

四 守处州（1356—1358）

　　至正十六年（1356）三月九日，刘基抵处州。五月，他应当地"父老"之请写《处州分元帅府同知副都元帅石末公德政碑颂》，自称"今予以行省檄，与公（石抹宜孙）同议招辑事"。① 两年以后，至正十八年，他又在《倡和集序》中说："予至正十六年以承省檄，与元帅石抹公谋括寇。"② 处州地临括苍山，隋、唐曾名括（又作栝）州，后人沿袭，称处为括。"谋括寇"，即平息处州境内民变，也就是"招辑"境内民众。然而《明太祖实录》卷九九之《刘基传》却说刘基"改行枢密院经历，与参知政事石抹宜孙守处州，以拒国珍"。刘基在处州与石抹宜孙共事约三年，行省给他们的使命究竟是"谋括寇"还是"拒国珍"？这是必须弄清楚而且不难弄清楚的。

---

① 《文集》卷一四。
② 《文集》卷一四。

先看《元史》卷一八八《石抹宜孙传》的记载：

> 至正十一年，方国珍起海上，江浙行省檄宜孙守温州，
> 宜孙即起任其事。其年闽寇犯处州，复檄宜孙以兵平之。以
> 功升浙东宣慰副使，分府于台州。顷之，处之属县山寇并
> 起，宜孙复奉省檄往讨之。至则筑处州城，为御敌计。
>
> 十七年，江浙行省左丞相达识铁睦迩承制升宜孙行枢
> 密院判官，总制处州，分院治于处。又以江浙儒学副提举
> 刘基为其院经历，萧山县尹苏友龙为照磨，而宜孙又辟郡
> 人胡深、叶琛、章溢参谋其军事。处为郡，山谷联络，盗
> 贼凭据险阻，辄窃发，不易平治。宜孙用基等谋，或捣以
> 兵，或诱以计，未几，皆歼殄无遗类。寻升同金行枢密院
> 事。当是之时，天下已多故，所在守将各自为计相保守。
> 于是浙东则宜孙在处州，迈里古思在绍兴为称首。

这段记载与刘基所述是一致的，石抹宜孙与刘基等人的任务就
是"平治"处州路境内的"盗贼"。但传中说石抹宜孙用刘基、
苏友龙、胡深、叶琛、章溢的时间在至正十七年是不确的。我
们已知刘基抵处州的时间是十六年三月，而胡深、叶琛、章溢
助石抹宜孙守处州的时间比刘基更早。《元史·石抹宜孙传》

一次未提方国珍。在宋濂为苏友龙、胡深、叶琛、章溢四人写的传略中，讲了他们在至正十六年至十八年间镇压处州境内"盗贼"的许多事迹，也无一事涉及方国珍。[①] 事实是，其时方国珍复任元官，位至江浙行省左丞兼海道运粮万户，忙着经营温州、台州、庆元三路，又同张士诚较量，无暇骚扰处州，故而石抹宜孙、刘基等处州将士与方国珍之间相安无事，处州不存在"拒国珍"的问题。

那么，"拒国珍"之说是《实录·刘基传》杜撰的吗？不是，它是有所本的，其源仍出于《行状》。《行状》说：

> 行省复以都事起公，招安山寇吴成七等，使自募义兵。贼拒命不服者，辄擒诛之，略定其地。复以为行枢密院经历，与院判石抹宜孙守处州，安集本郡，后授行省郎中。经略使李国凤巡抚江南诸道，采守臣功绩奏于朝，时执政者皆右方氏，遂置公军功不录，由儒学副提举格授公处州路总管府判。诸将闻是命下，率皆解体。敕书至，公于中庭设香案拜曰："我不敢负世祖皇帝，今朝廷以此见

---

① 《宋文宪公全集》卷四《王府参军胡公神道碑铭》、《御史中丞章公神道碑铭》，卷二七《故朝列大夫江浙行省左右司都事苏公墓志铭》，卷四三《叶治中历官记》。

授,无所宣力矣。"乃弃官归田里。时义从者俱畏方氏残

虐,遂从公居青田山中。公乃著《郁离子》。客或说公曰:

"今天下扰扰,以公才略,据括苍,并金华,明、越可折

简而定,方氏将浮海避公矣。"

表面上看,这段文字是讲了刘基与石抹宜孙"安集本郡"的,可是接着就三次提到方国珍,先说"执政者皆右方氏",继言"义从者俱畏方氏残虐",再说"方氏将浮海避公"。尤其是中间一句,给人造成强烈印象,似乎刘基一走处州就会落在方氏手中,这不等于说处州当时正与方氏相抗吗?正因为《行状》作了这样的表述,脱胎于《行状》的《实录·刘基传》(下详)在压缩《行状》本文时才改成基与宜孙"守处州,以拒国珍"。

《行状》在讲刘基弃官经过时如此强调方国珍是有原因的,等弄清楚刘基弃官的时间和原因以后,我们才能揭示《行状》作者的良苦用心。

针对处州一带的民变,刘基到处州不久就以行省左丞相(达识铁睦尔)使者的名义草拟并发布了一篇《谕瓯括父老文》。[1] 文

---

[1] 《文集》卷一四。按,"瓯"指温州地区,因温州在汉为东瓯国,后世沿称。温州在元与处州同属浙东道,故而刘基颁发的文告兼及瓯括。至正十七年以后,方国珍势力扩展至温。

告先称颂元朝统一八十多年来"帝德宽大，……与百姓安乐太平"，然后承认"官缺其人，偷惰潜生"，但"咎在有司，非主上意也"。接着说："今父老子弟，不察其故，怼暑嗟寒，徙怨于天，乘间造衅，窃弄戈兵，……所过所止，山夷土赤"以至"惊动天心"，所以天子授权左丞相随宜处置，"死之生之，无倚无颇"。"丞相矜念小民，谓不教而诛，有辜帝仁"，故而派使者来晓谕父老，"冀父老各体上意，约束其子弟"，以免断了后代，后悔莫及。文告还说使者是"父老乡里姻戚，与父老故无恶，为能奉扬朝廷仁恩"。显然，使者就是刘基本人。他现在手里有自募的"义兵"，对"拒命不从者辄擒诛之"，直接参与镇压民变。

刘基在处州三年，一直是石抹宜孙的幕下士。石抹宜孙是契丹族后裔。其父石抹继祖，皇庆年间领海军镇婺、处，善治军，并且有很高的汉文化修养。宜孙受父薰陶，好学博览，长于诗歌，能礼贤下士，颇得士人好感，朱元璋称他"善用士"。[①] 在他身边凝聚了一批人才。宋濂说：

> 元季兵乱，郡国绎骚，石抹将军帅师来镇括，凡武勇

---

① 《明太祖实录》卷七，己亥五月辛亥。

文学之士悉以礼聘而询其谋猷。①

> 石抹君宜孙分省于处，请公（苏友龙）与青田刘君基从。石抹君方以讨贼自任，浙东倚之为重，每事必谋于公。公劝其礼贤下士，安辑流亡，招徕群盗，抚之以恩。石抹君从之，众心翕然归。②

至正十六年夏，刘基抵处州不久就写了《石末公德政碑颂》，称赞石抹宜孙说：

> 人谓公生太平时，与缙绅为文墨交游，彬彬然儒者也。及其临遇事变，则智勇奋发，动不失机，抚循士民，则仁慈岂弟，惠无不及，可谓有用之奇才矣。

石抹宜孙能够平息处州民变固然因其"善用士"，但更重要的是有一批像刘基这样的当地士人自觉地肯为其所用。宋濂说：

> 元季之乱，江南诸郡多陷于盗，独处州以士大夫倡义

---

① 《宋文宪公全集》卷一〇《故松阳周府君阡表》。
② 《苏公（友龙）墓志铭》。

兵坚守而完。……是时起兵之士，丽水有叶君琛，青田有刘君基，龙泉有章君溢。与三君并称者曰季君汶，亦龙泉人，其举谋兴事不甚相远。[1]

宋濂这里只举了四人，至少还应该补一个胡深，也是龙泉人。他们的共同点是出身右族，读书习儒。他们自集乡人丁壮镇压本地民变，原因是连续数年的处州民变威胁到他们自家的生命财产。刘基和叶琛参与其事还可以说是官职所系，季汶、胡深、章溢三人都是以平民身份主动帮助石抹宜孙的。

季汶（1318—1377）字彦父，祖辈在宋代"多显者"，本人"少读书，多智略"。他率丁壮跟从石抹宜孙，"数战数有功"，石抹宜孙授以义兵万户之职。大约在至正十九年(1359)，元经略使李国凤抵处州，改授季汶龙泉县尹，季汶"不就"。同年朱元璋兵下处州，季汶投附朱元璋，洪武初致仕还乡。

胡深（1314—1365）字仲渊，父亲仕元为征东行中书省左右司员外郎。宋濂说胡深在为父亲守墓时"悉取诸子百氏天官地志兵谋术数医药卜筮老释之书而研究之，发为文辞，操笔可

---

[1] 《宋文宪公全集》卷三四《故处州翼同知元帅季君墓铭》。

立就"。农民战争起,胡深"集乡兵结寨于湖山"。及至石抹宜孙守处州,用胡深参谋军事,胡深积极参加镇压本地民变,不遗余力,任江浙行枢密院分院行军都事。①

尤其值得注意的是章溢(1314—1369)。溢字三益,出身龙泉右族,习程朱理学。至正十二年(1352)天完红巾军进入龙泉,章溢自组"里民为兵",抗击红巾军。石抹宜孙镇处州,章溢主动往见,被"留幕下与议军事"。其后数年屡助元兵镇压境内民变,但始终拒受元朝官爵。与季汶、胡深相比,他显得有更多的阶级自觉。在本书下几章中,我们还要讲到章溢,并把他与刘基作些比较。

刘基在处州整三年,除了最后一段时间,长期与石抹宜孙相处融洽。他们不仅是上下级,而且是诗友。刘基《文集》中保存的题赠和酬答石抹宜孙的诗多达八十余首,可见两人关系密切。他们把互相倡和的诗收成集子,称《少微倡和集》。刘基作序说:

　　古人有言曰:"君子居庙堂则忧其民,处江湖则忧其君。"……予至正十六年以承省檄,与元帅石末公谋括寇,

---

① 《宋文宪公全集》卷四《胡公神道碑铭》。

因为诗相往来，凡有所感，辄形诸篇，虽不得达诸大廷以讹君子之心，而亦岂敢以疏远自外而忘君臣之情义也哉？昔者屈原去楚，《离骚》乃作，千载之下，诵其辞而不恻然者，人不知其忠也。览者幸无诮焉。万一得附瞽师之口，以感上听，则亦岂为无补哉！①

婺州义乌（今浙江义乌）人王祎也为《少微倡和集》作序，称：

> 处以星名州，其地多处士，而隋时处士星尝见。处士星，盖少微也。其为州在浙东最左僻。……至正乙未冬，沿海万户柳城石抹公持闽帅之节来镇是州。……明年春，江浙提学青田刘公奉行中书之命实来相与辑绥之。又明年秋，政通人和，州以无事。先是诏建枢密行院于江浙，行中书丞相兼领院事，至是丞相乃承制以石抹公为判官，刘公为经历，即是州分院莅治焉。于是石末公以元勋世臣，文武两全，夙负重望，而刘公起家进士，雄文直节，冠冕士林，及诸僚佐宾属皆鸿生畯夫，极一时之选，东南人物

---

① 《文集》卷一四《唱和集序》。

于斯为盛矣。惟其志同而道合，故其虽当多事之际，发号施令，日不暇给，而揽事触物，辄为诗歌，更唱迭和，殆无虚日。……两年之间，总之凡三百余篇，名曰《少微倡和集》。诗作于是州，州以星名，故亦因星以名集也。祎得而读之，窃叹其爱君忧国伤世闵俗之情见于言辞者何其惓惓也。①

从刘基的诗可以看到，他与石抹宜孙藉诗言志，互相激励，以挥戈回日的鲁阳公②、完璧归赵的蔺相如③以及中兴唐室的李光弼、郭子仪④共勉，"相期各努力，共济艰难时"。⑤ 刘基对石抹宜孙很敬重，寄诗称他"使君学术似文翁，奕世流芳缉武功"，自谦"惭愧谫才多谬误，忧时独有此心同"。⑥

刘基这个时期写的诗，曾受到明末清初人钱谦益（1582—1664）高度赞扬。钱谦益说：

---

① 《王忠文公文集》卷七。
② 《文集》卷九《次韵和石末公悲红树二首》。
③ 《文集》卷九《次韵和石末公二绝》。
④ 《文集》卷九《（驿传杭台消息）再次韵二首》。
⑤ 《文集》卷七《次韵和石末公春日感怀》。
⑥ 《文集》卷九《次韵和石末公感兴见寄》。

公负命世之才，丁有元之季，沉沦下僚，筹策龃龉，哀时愤世，几欲草野自屏。然其在幕府，与石抹艰危共事，遇知己，效驰驱，作为歌诗，魁垒顿挫，使读者愤张兴起，如欲奋臂出其间者。①

然而，曾几何时，这对诗友竟分道扬镳：刘基改弦易辙，弃官归里，不久投入反元的"寇盗"阵营；石抹宜孙则不渝初衷，为元捐躯。

---

① 《历朝诗集》甲前集《刘诚意基》。

五 弃官与反省（1359）

刘基弃官是在哪一年，《行状》没有具体讲，但它把其事置于朱元璋攻下金华之前则是非常清楚的。《行状》先说刘基"弃官归田里，乃著《郁离子》"，然后才说：

> 会上下金华，定括苍，公乃大置酒，指乾象谓所亲曰："此天命也，岂人力能之耶！"……公决计趋金陵。

朱元璋攻克金华是在至正十八年（1358）十二月二十日。刘基弃官的时间，如按《行状》所述，最晚也应在九、十月间。

但是，有证据说明《行状》讲的是假话，而且还是《行状》自身提供了证据线索。《行状》讲，刘基是在李国凤巡抚江南时弃官的，我们现在就来看李国凤是何时抵达处州的。《元史》卷四五《顺帝纪》载：

（至正十八年）九月……壬寅，诏命中书参知政事普
颜不花、治书侍御史李国凤经略江南。

这是李国凤受命的时间，他抵处州的时间见于贡师泰写的《云
楚庄记》：

治书李公经略江南之明年，道出括苍，得士刘彦明，
置诸幕府。又明年，至三山。①

据《元史》本传，贡师泰在至正二十年以户部尚书分部闽中，
二十二年离开。他还写有一篇《跋李经略与裴检校书后》，称
至正二十年闰五月建宁被陈友谅将领邓克明围攻，"经略使李
公发兵援之"。② 此经略使李公无疑就是李国凤。估计李国凤在
三山（今福建福州）时贡师泰也在当地，所以贡师泰对李国凤
的行踪有所了解，所记是可信的。既然李国凤抵处州是在至正
十九年，刘基弃官必不在朱元璋下金华（至正十八年十二月）
之前。李国凤在处州滞留时间较长，宋濂在《苏公墓志铭》中

---

① 《玩斋集》卷七。
② 《玩斋集》卷八。

说李国凤"循行至处，久留不去"。考虑到李国凤行事需要一段时间，即便他是十九年元月抵处，刘基弃官最早恐怕也要到当年春夏之交了。

在研究这个问题时也可以参考《元史·石抹宜孙传》的记载：

> 十八年十二月，大明兵取兰溪，且逼婺，而宜孙母实在婺城。……〔宜孙〕即遣胡深等将民兵数万往赴援，而亲率精锐为之殿。兵至婺，与大明兵甫接，即败绩而还。时经略使李国凤至浙东，承制拜宜孙江浙行省参知政事，阶中奉大夫。明年，大明兵入处州。

朱元璋军取兰溪在十月不在十二月，这一点《石抹宜孙传》宜加修正。但石抹宜孙遣胡深等援婺的确在十二月。因此，即使按《石抹宜孙传》，李国凤拜石抹宜孙为参知政事也已经是十二月了。授官顺序，必定是高官在先、低官在后，所以刘基弃官绝不可能在十二月二十日朱元璋取金华之前。

判定刘基弃官的时间就这么容易。时间判定了，《行状》说假话的原因也自然地曝光了。因为从朱元璋攻打金华起，处州的元军就投入了对朱作战。先是石抹宜孙派胡深率兵援婺败绩，及至朱军攻下金华，两军对垒于樊岭、黄龙（均在缙云县西）之间。当时处州将士如果有什么畏惧，那就是畏惧处州步婺州后尘，落入朱元璋手中，而尚在石抹宜孙幕下的刘基，不可能不参与策划抵御朱军。《行状》作者要掩盖刘基曾经参加抗御朱军的事实，有意把刘基弃官时间上推到朱元璋下金华之前，同时一再把方国珍拉扯到处州防务上来，以转移读者的视线。过去和现今一些刘基年谱和传记的作者不加细察，也把刘基弃官时间置于朱元璋取得金华之前，也强调处州将士与方国珍的矛盾，落入《行状》作者设下的圈套。①

应该指出，钱谦益早已明言刘基参与谋划抵御朱军，并点破《实录》所说刘基与石抹宜孙"守处州以拒国珍"之不可信。钱谦益说：

> 十八年，我兵取兰溪，且逼婺，石抹遣胡深等救婺不克。上既定婺，即命耿再成驻兵缙云，以规取处。石抹遣叶琛、胡深等分屯以拒王师。公（刘基）虽不在行间，然未尝不在石抹院中，石抹盖倚之以谋我师也。《实录》本传云：改行枢密院经历，与石抹守处州，以拒国珍。当是

---

① 例如王馨一所撰《刘伯温年谱》。

时，石抹与耿泗国对垒于黄龙、樊岭间，其所拒者，非国
珍也。国史纤其词耳。①

钱谦益据《元史·石抹宜孙传》，正确指出李国凤上刘基之功
在朱元璋取婺之后，刘基弃官归青田当在十九年春夏间，距石
抹宜孙败弃处州的时间不会很长。钱氏的不足之处，在于没有
揭示处州的防务自始就不是"拒国珍"；他没有掌握能够确证
李国凤抵处年份的史料，仅据《石抹宜孙传》把李国凤至浙东
的时间系于十八年，也没有识破《实录·刘基传》的说法源出
于《行状》。

刘基弃官的原因，从大处讲是形势所迫。元朝的统治在至
正十八年已呈全面崩溃之状。在腹里地区，这年三月毛贵一军
曾逼近大都，五月刘福通克汴梁，十二月关先生入上都。在长
江上游，明玉珍几乎占领了川蜀全境。在长江中游，陈友谅以
武昌、江州为据点，南向攻取了江西行省的大部分地区。江浙
行省形势同样吃紧，杭州、绍兴均为张士诚占据，浙东六路方
国珍有其三。张士诚、方国珍表面上虽已降元，实际都是割据
势力。打着大宋旗号的朱元璋红巾军锐气方盛，由金陵往南推

---

① 《牧斋初学集》卷一〇二《太祖实录辩证》二。

进，攻克金华，直逼处州。处州将士本来只有应付境内分散的小股民变的经验，现在却要面对朱元璋的正规军。在这样的形势下，处州守将如果再以李光弼、郭子仪自许，岂非梦呓。时局已不可为，成了不少人的共识，章溢、苏友龙都是这样看的。宋濂《章公神道碑铭》称：

> 时天下日入于乱，公（章溢）结庐匡山上，自号曰匡山居士，属其子曰："兵将至矣，汝曹其保障州里乎！"①

王祎《苏君小传》云：

> 会处州盗发，君（苏友龙）奉文告招抚之，既平而枢密分院治于处，君留枢属，因留处者久，及迁职都司，则时已不可为，因谢事而归。②

刘基此时的观点比章溢、苏友龙更明确，他弃官后著《郁离子》，在首章《千里马》第三条中借郁离子与戚之次且两人之

---

① 《宋文宪公全集》卷四。
② 《王忠文公文集》卷二二。

口说：

> 今天下无可徙之地、可蛰之土矣。……是故君子之生
> 于世也，为其所可为，不为其所不可为而已。①

形势比人强，从写《倡和集序》到著《郁离子》，相隔不过一
年左右，刘基思想发生很大转变，他抛却"君臣之情义"，决
心"不为其所不可为"了。

就具体环境言，处州守将内部出现裂痕，也是刘基弃官的
原因之一。宋濂很赞赏石抹宜孙，但也指出宜孙"后好自用，
幕下士多散去，部将胡君深、章君溢亦拥兵观望"。② 刘基应是
"散去"的"幕下士"之一。

最后，刘基弃官也许如《行状》所说，同他本人的升迁受
到阻遏有关。我说也许有关，是因为我不能确断《行状》所说
之事必有或绝无。但我深信，此事纵有，情形也不会全如《行
状》所述。理由有以下三点：

其一，《行状》说刘基"军功不录"的原因是"时执政者

---

① 《郁离子·戚之次且》。本书引《郁离子》均据上海古籍出版社 1981
年出版的魏建猷、萧善芗点校本，因该本编有条名，便于读者查对。

② 《苏公墓志铭》。

皆右方氏"。我们在前面已经辨明，刘基不存在反对招安方氏而被羁管绍兴的事，在处州期间也没有"拒国珍"之事，执政者怎么会因"右方氏"而不录刘基的军功？倘若处州真的是在"拒国珍"，而朝中执政者又欲"右方氏"，则石抹宜孙作为处州的主帅也休想迅速升迁。然而我们看到，石抹宜孙原来只是行枢密院判官（正五品），后升同佥行枢密院事（正四品），末后李国凤承制授以江浙行省参知政事，已是从二品了。① 谁能相信，执政者为了"右方氏"，竟需拔擢处州主帅而抑其幕下士？

其二，那时地方铨选官员，不需要预奏朝廷，行省可以自己处置。王祎说：

> 至正十一年海内多故，天子命勋旧大臣行中书以镇外服，且以为去朝廷远，事有机速，不可律于常制禀命而行，凡军旅、钱粮、铨选之事，一听其便宜行之。②

其后形势愈益严重，南北交通阻塞，诸事更听地方自主，总兵

---

① 《元史》卷一八八《石抹宜孙传》。按：上述职官品秩据《元史·百官志》，元末或有变动。

② 《王忠文公文集》卷六《送申巡检之官序》。

者权力尤大。《元史》卷九二《百官志》称：

> 至正兵兴，四郊多垒，中书、枢密俱有分省、分院；
> 而行中书省、行枢密院增置之外，亦有分省、分院。自省
> 院以及郡县，又各有添设之员。而各处总兵官以便宜行事
> 者，承制拟授，具姓名以军功奏闻，则宣命敕牒随所索而
> 给之，无有考核其实者。

我们已知，石抹宜孙的行省参知政事就是李国凤承制授予的；
刘基由原来的都事（从七品）或儒学副提举（亦从七品）进为
行枢密院经历（从五品）或行省郎中（亦从五品），就是行省
定的。刘基如再升迁，李国凤、石抹宜孙即可便宜行事，何待
朝廷奏准？这里再举个实例，苏伯衡《故元温州路同知平阳州
事孔公墓志铭》记：

> 十九年，中书参政普颜不花公、内台治书李公国凤经
> 略江南，得便宜除拜，承制授公（孔旸）温州路同知平阳
> 州事。[1]

---

[1] 《苏平仲文集》卷一三。

这不就是"便宜除拜"吗？而且刘基本人对升迁的期望不会过高。他以经历一职助石抹宜孙守处州，其军功不过是镇压境内民变，按当时制度，即使李国凤等赏罚公平，他又能上升到什么品秩？看看苏友龙吧，他与刘基同在石抹宜孙幕下数年，到头来只落得个行省都事，论官职从七品而已，仅提升了散官品秩。与石抹宜孙相比，刘基、苏友龙当然有理由不平，但他们在官场多年，深知久滞下僚是大多数南人士子的共同命运，比不得石抹那样有父荫的北人，这是元代体制使然，非个别人为因素造成。刘基返回青田后著《郁离子》，首篇《千里马》的开端就讲郁离子之良马因"非冀产"不得"致诸内厩"，而被"置之于外牧"。冀者，北也；这话就是针对元廷用人重北轻南而讲的。其下《八骏》条，又讲"马之良驽莫能差，然后以产区焉，……江淮以南为散马，以递传服百役，大事弗任也"。这是刘基对自己难获升迁的解释，是从制度上着眼的。

第三，《行状》称执政者"置公军功不录，由儒学副提举格授公处州路总管府判"，如果确有其事，刘基的官秩是不升反降了，他要从已任的行省郎中（从五品）退回到原先的儒学副提举（从七品）再转路总管府判（正六品）。但是，怎样印证其事确有呢？要知道，除了《行状》，这件事不见有其他记载。洪武十九年刘基门人徐一夔写《郁离子序》，对刘基弃官的原因是这样讲的：

> 已而南北绎骚，公（刘基）慨然有澄清之志。藩阃方务治兵，辟公参赞，而公锐以功业自见，累建大议，皆匡时之长策，而当国者乐因循而悦苟且，抑而不行。公遂弃官玄屏居青田山中，发愤著书，此《郁离子》之所以作也。①

徐一夔完全不涉及刘基官秩的升降问题。

《郁离子》有一条《蛰父不仕》，其文如下：

> 宋王欲使熊蛰父为司马，熊蛰父辞。宋王谓杞离曰："薄诸乎？吾将以为太宰。"杞离曰："臣请试之。"旦日，之熊蛰父氏，不遇，遇其仆于途，为道王之意。其仆曰："小人不能知也，然尝闻之：南海之岛人食蛇，北游于中国，腊蛇以为粮。之齐，齐人馆之厚，客喜，侑主人以文虺之修，主人吐舌而走，客弗喻，为其薄也，戒皂臣求王虺以致之。今王与大夫无亦犹是与？"杞离惭

---

① 《文集》卷二。

而退。

我看此条就是为了说明自己辞官并非因为嫌官小而写的。

　　总之，鉴于《行状》谎言累累，在没有其他参证的情况下，我既不能说降官之事必有，也不敢说其事绝无，只好存疑了。不过，对此事有怀疑非自我始，至少嘉靖本《诚意伯文集》的编者已感到《行状》此说不大对头了，故而他在拿掉前引刘基在台州写的两通碑文并打乱成化本编次（这似乎是有意不让人看清楚各篇诗文的写作时期）的同时，删去了"由儒学副提举格"到"无所宣力矣"这段叙事，共五十八字。

　　总之，刘基弃官归里是由多种原因造成的，主要原因是他对形势的认识。《行状》只说刘基因"军功不录"弃官，又写上一段"我不敢负世祖皇帝"云云，如同它在前面臆造"羁管"绍兴的故事一样，刻意制造悲情，目的是想证明基不负元、乃元负基，为刘基的背元博取谅解与同情。

　　刘基一向自许甚高，宋濂说他"负气甚豪，恒不可一世士，常以屈强书生自命"。① 然自二十三岁中举以来，仆仆仕途

---

　　①　《宋文宪公全集》卷二二《跋张孟兼文稿序后》。

二十余年，眼看元社将屋，自已大半生的努力行亦付诸东流；面对未来，刘基不得不作深刻反省。从弃官到转投朱元璋，中间大约有一年时间可供他进行思考与反省。他这样做了。他思考、反省的结果写进他的三万余字的名作《郁离子》中。

《郁离子》是本很特别的著作，徐一夔说：

> 郁离者何？离为火，文明之象，用之，其文郁郁然，为盛世文明之治，故曰郁离子。其书总为十卷，分为十八章，散为一百九十五条，多或千言，少或百字，其言详于正己、慎微、修纪、远利、尚诚、量敌、审势、用贤、治民，本乎仁义道德之懿，明乎吉凶祸福之几，审乎古今成败得失之迹，大概矫元室之弊，有激而言也。……一夔蚤尝受教于公，后谒公金陵官寺，出是书以见教，一夔骇所未见，愧未能悉其要领。[1]

刘基的好友王祎也写有一篇《郁离子序》，序中说：

> 先生是书虽寓言居多，然其于天地、阴阳、性命、道

---

[1]《文集》卷二。

德、世运、政治、礼乐、法度之际详矣。揆之圣人之道，盖所谓不悖焉者，固不特言语之工而已，此其有不传者欤！

先生名基，字伯温，治《春秋》，以进士起家，仕稍不显，而狷介之名素著。遭世大乱，益韬晦不苟出，虽出不苟就也。用是人尊信之，以为有道之君子云。[①]

《郁离子》篇幅不大，内容丰富，言简意赅。由于采用寓言体裁，读者对它可以从不同角度去解读、引申和发挥。我在本书序言中交代过，我对刘基的文学成就和哲学思想没有发言权。现在我只就《郁离子》所反映的刘基本人政治立场的转变说一点浅见。

阅读刘基早先的诗文，最容易感觉到的是他的忠君思想。对历史上的忠君人物，他写过《吊诸葛武侯赋》、《吊祖豫州赋》、《吊岳将军赋》，比干、伯夷、屈原、伍子胥、诸葛亮、祖逖、岳飞都是他极其崇敬的人物。对与他同时代的忠君人物，他写过《吊泰不华元帅赋》。[②] 他赞叹"殷比干之剖心"、

---

① 《王忠文公文集》卷七。
② 以上诸赋均见《文集》卷五。

"子胥忠而殒命"、"伯夷清而不食",① 又称颂岳飞"竭心以为主","捐薄躯以报主兮,乃忠臣之素心"。泰不华被方国珍杀害于海上,② 刘基虽哀其"作忠以致怨"、"忠沉沉而不白",却又说"忠固不求人知"。他在至正十四年写的《天寿节》诗,至正十六年写的《谕瓯括父老文》,都贯穿着他的忠君思想,更不用说他与石抹宜孙的倡和之作。但是,时隔未久,在他写的《郁离子》里,"忠"(忠君的忠,不是忠友)字不见了。这一点徐一夔也许发现了,徐一夔列出《郁离子》那么多内容,就是不提忠君,因为《郁离子》没有谈忠君。替代忠君观念的,是"不为其所不可为"的思想。不是说捐躯报主"乃忠臣之素心"么? 不是说"忠固不求人知"么? 那是要求明知不可为也要为的。如果不为,何以为忠呢? 所以刘基合乎逻辑地不再言忠了,而且他还表明要另择明主了。《郁离子》的末篇是《九难》;在《九难》的末尾,郁离子讲了一段话:

> 方今威弧绝弦,枉矢交流,旬始攙抢,降魄流精,为貙为豹,为蛟为蛇。犬失其主,化为封狼,奋爪张牙,饮

---

① 《文集》卷五《述志赋》。
② 事见《元史》卷一四三《泰不华传》。

血茹肉，淫淫潏潏，沉膏腻穷渊，积骸连太陵，无人以救之，天道几乎熄矣。……仆愿与公子讲尧、禹之道，论汤、武之事，宪伊、吕，师周、召，稽考先王之典，商度救时之政，明法度，肆礼乐，以待王者之兴。

"以待王者之兴"，这就是刘基在青田山中思考和反省的结果。

六　投赴应天 (1360)

至正十九年（1359）十一月，朱元璋攻取处州路。《明太祖实录》卷七记：

十一月……壬寅，佥院胡大海率兵攻处州，克之。初，上既定婺州，即命耿再成驻兵缙云之黄龙山，谋取处州。元处州守将石抹宜孙遣元帅叶琛屯桃花岭，参谋林彬祖屯葛渡，镇抚陈仲真、照磨陈安屯樊岭，元帅胡深守龙泉，以拒我师。久之，将士怠弛，皆无斗志。至是，〔胡〕深叛宜孙，间道来降，且言处州兵弱易取。大海闻之，大喜，即出军抵樊岭，与再成合攻之，大败其兵，连拔桃花岭、葛渡二砦，遂薄城下。石抹宜孙战败弃城，与叶琛、章溢走建宁，遂克处州。林彬祖走温州。于是处州七邑皆下。

据此，胡大海攻下处州是在胡深来降以后。但是，宋濂在《王府参军胡公神道碑铭》中却说胡深出降是在胡大海攻克处州之后：

> 国兵取浙东，婺、衢既下，独处州为石抹公所守，不降。岁己亥，今上皇帝遣佥枢密院事胡公大海由间道取处州，石抹公出战败北，大军入城，而分兵取属邑未附者。公（胡深）时以假元帅统龙泉、庆元、松阳、遂昌四县兵，欲闭关为拒守计。四县士民咸请于公，愿内附以全民命。……公知时事已去，乃解甲出见胡公，四县因不受兵。上素闻公名，召至南京，待以殊礼。

宋濂又说："浙东之俊彦，攀龙鳞而附凤翼者，皆自公始。"这是说，浙东的一批英才（主要指原石抹宜孙部下）是在胡深带动之下降朱元璋的。而我们在苏伯衡写的《缪美传》中将会看到，胡深却是在叶琛劝说下降朱的，叶琛降朱又在胡深之前（下详）。这些记载上的出入，很难理清楚。钱谦益曾经考辨这个问题，以为《实录》卷七所记不可信，理由是胡深受石抹宜孙厚遇，不可能"既解甲内附，而又献谋以取处州"，作此

"穿窬小人"之行。① 我对钱说不敢全信。唯一可以确定的是，原先石抹宜孙依靠的几个主要人物，除苏友龙以外，章溢、叶琛、胡深、季汶在处州被攻破后不久都降了朱元璋，当然还有刘基。

关于刘基投朱元璋的经过，同样是诸说不一。先看《明太祖实录》卷八的记载：

> （庚子三月）征青田刘基、龙泉章溢、丽水叶琛、金华宋濂至建康。初，上在婺州既召见宋濂，及克处州，又有荐基及溢、琛者。上素闻其名，即遣使以书币征之，时总制孙炎先以上命请基，至是四人同赴建康。

今天的研究者大多依据《实录》这条记载，以为刘基始见朱元璋是在庚子年三月。然而，另有史料记载，刘基在此之前已同叶琛至应天见过朱元璋。苏伯衡写的《缪美传》说：

> 武毅将军缪美，寿州安丰人。……己亥……十一月，复从胡公（胡大海）击处州。处州军据樊岭，其地险隘，

---

① 《牧斋初学集》卷一〇一。

众莫利先登，美率敢死士持梃鱼贯奋击，夺其壁以入我
师，守将石末参政弃城而窜。分兵略定浮云，得元帅叶
琛，使谕元帅胡深曰："今上天授也。……与其阻险偷生
旦夕，孰若改图，可以保富贵也。"深然之，出降，龙泉、
庆元皆平，遂以胡深、叶琛暨刘基入见。①

这段记事与《明太祖实录》所记显然不是一回事：人物不同，
章溢换了胡深，并缺宋濂；时间不同，紧接在十一月朱军克处
州之后，早于至正二十年（1360）三月。苏伯衡是苏友龙长
子，龙凤九年（至正二十三年）与刘基、章溢、宋濂同入朱元
璋所置礼贤馆。② 洪武四年，刘基应苏伯衡之请，为其文集作
序，此序既见于《诚意伯文集》，也收入《苏平仲文集》，两本
文字有出入。在《诚意伯文集》里，这篇序文说："金华苏平
仲起国子学录，迁翰林编修，以其所为诗文示予，予得以谛观
之。"在《苏平仲文集》里，这段话改作"平仲文稿留余所良
久"，并称赞苏伯衡的文章说"余与之同朝，每得而读之，未
尝不为之击节焉"，而且署明该序写于"洪武四年春正月十

---

① 《苏平仲文集》卷三。
② 《太祖实录》卷一二。

日"。根据此序,《缪美传》很可能是刘基看过的。即使《缪美传》写于洪武四年以后,未经刘基过目,以苏伯衡与刘基、章溢的交谊,他不至于把章溢错记为胡深,更不至于有意杜撰胡深、刘基被缪美送至应天的故事。而且《实录》卷一一的《叶琛传》也可以印证此事:

> 琛字景渊,处之丽水人。元季兵乱,从参政石抹宜孙守处州。……王师下处州,琛来降,佥院胡大海以琛偕刘基送建康。

从行文看,《实录》这段记载并非由《缪美传》转来,应别有所本。可惜《缪美传》与《实录·叶琛传》均语焉不详,没有提供更多的情节,故而只引起过少数人重视。

今人讲刘基投朱元璋,大多引述孙炎劝说的故事,源出宋濂《故江南等处行省都事孙君墓铭》:

> 〔己亥〕十一月,召〔孙炎〕为省都事。会处州降,择镇安之者,……遂命为处州总制,钱谷兵马之柄悉委之,不取中报,且以省符未署者付之,听其自辟任。……时上欲用人,而秀民有材能者见方战争,胜负未分,皆伏

匿山谷中不肯出。君患之，钩致一二人，问"有材者为谁，今皆安在"，录其姓名，为书遣使者招之。而刘君基、章君溢、叶君琛尤为处士所推。刘君最有名，亦豪侠负气，与君类，自以仕元，耻为他人用，使者再往返，不起，以一宝剑奉君。君作诗，以为"剑当献之天子，我人臣，不敢私用"，封还之。为书数千言，开陈天命，以谕刘君。刘君无以答，逡巡就见。君置酒与饮，论古今成败，如倾河决峡，略无凝滞。刘君乃深叹服，曰："基始自以为胜公，观公论议如此，基何敢望也。"①

刘基是否就此接受了孙炎的劝说，宋濂没有讲，接下去便转述它事了。

孙炎赠刘基的诗见于钱谦益编的《列朝诗集》，题作《宝剑歌》：

宝剑光耿耿，佩之可以当一龙。只是阴山太古雪，为谁结此青芙蓉。明珠为宝锦为带，三尺枯蛟出冰海。自从虎革裹干戈，飞入芒砀育光彩。青田刘郎汉诸孙，传家惟

---

① 《宋文宪公全集》卷三四。

有此物存。匣中千年睡不醒，白帝血染桃花痕。山童神全眼如日，时见蜿蜒走虚室。我逢龙精不敢弹，正气直贯青天寒。还君持之献明主，若岁大旱为霖雨。①

可见刘基赠剑，孙炎封还并以诗赠基，是实有其事的。炎诗原作剑"献明主"，宋濂入明后将诗中"明主"二字改为"天子"。

从一些记载看，孙炎大概颇具个人魅力。汪广洋写有《赠孙炎》诗："建业孙公子，文如李谪仙。江头看明月，醉枕酒瓶眠。"又有《过丛山关观孙炎题壁》："空翠深深啼竹鸡，丛山塞口日沉西。数行大字光如漆，知是孙炎醉后题。"入明以后，夏煜作《哀孙炎》诗："垂老戎马间，相知复何有。幼与孙炎文，于今俱白首。炎也雅好诗，落魄惟耽酒。醉中有神助，不放持杯手。……我皇入金陵，一见颜色厚。高谈天下计，响若洪钟扣。"②介绍孙炎最详的是宋濂，他为孙炎写的墓铭称：

君身长六尺余，面黑如铁，一足偏跛，于书少所不

———————————

① 《列朝诗集》甲集十一。
② 汪广洋、夏煜诗均见《列朝诗集》甲集十一。

通。善雄辨，累累数千言，常穷一座，人人莫不畏其口。
长于歌诗，……雅好饮酒，……常与夏君〔煜〕对饮赋
诗，各务出奇相胜。每得一隽语，槌案大呼，哗声撼四
邻。所与交皆当时豪俊，间出游四方。君既以气自负，常
轻视章句儒，众中常自许曰："孙炎岂龌龊辈伍耶？"

孙炎以其豪情和雄辩使刘基折服，是完全可能的；这与苏
伯衡《缪美传》所记亦不相左。钱谦益对宋濂、苏伯衡所记同
样给予重视，他在《太祖实录辨证》中引了《缪美传》，又在
《列朝诗集》中引了孙炎的《宝剑歌》。与钱谦益同时，《国榷》
撰者谈迁的友人许重熙将苏伯衡、宋濂所记与其他记载糅合在
一起，对刘基投朱元璋的经过作如下叙述：

　　高帝得金陵六年（应为三年。——引者）方略浙东，
基在石抹宜孙幕中。浮云寨战败，缪美执送金陵，放归。
孙炎总制处州，龙泉叶子奇三上书荐基，炎奏闻，始聘。
基力辞，谢炎宝剑。〔炎〕却之，作《宝剑歌》，劝其出，
基乃就。①

---

① 《国榷》卷一，至正二十年。

许重熙的叙述未必都准确，但刘基先被缪美送往应天，放归后再经孙炎劝说乃出，大概是事实。谈迁赞同许重熙的说法，故而在《国榷》中引出。

许重熙是明代不多的公开反对神化刘基的儒生之一，为此曾受到刘基后人与朝廷打压（下详）。但许重熙治史不够严谨，对刘基事迹的辨析也有过正之处。在上引的文字中，他漏叙了刘基在处州被朱军攻克前业已弃官归里一事，这是不应该的。刘基弃官归里，著《郁离子》，是不容否认的事实。刘基很可能是在胡大海下青田后被迫出见，由缪美送至应天，不大可能在处州作战被俘。

上章讲过，刘基在写《郁离子》时思想已有很大转变。及至经历了执送应天之事，他出山投朱只是时间早晚的问题了。果然，经过孙炎劝说，他应朱元璋之召，同宋濂、章溢、叶琛一块到了应天。那时处州有不少人投入朱元璋阵营，有思想守旧者悲叹："红巾攻破处州城，多少男儿入虏营。何似妇人能守节，千年英气死如生。"[1] 但在众多的转向者中，像刘基这样二十多岁中进士，其后又仕元二十余年的人，恐怕是绝无仅有的。因此，刘基虽不留恋元朝，却不能完全不顾物议，内心不

---

① 陈高《不系舟渔集》卷九《贞妇词》。

安可以想见。十多年后，宋濂回忆当年与刘基等同赴应天的情景说：

> 庚子之夏，皇帝遣使者奉书币起濂于金华山中，时则有若青田刘君基、丽水叶君琛、龙泉章君溢同赴召，遂出双溪，买舟溯桐江而西。忽有美丈夫戴黄冠，服白鹿皮裘，腰绾青丝绳立于江滨，揖刘君而笑，且以语侵之。刘君亟延入舟中，叶、章二君竞来欢谑，各取冠服服之，竟欲载上黟川。丈夫觉之，乃止。……当刘君之出也，衔方舟以隐自高，数欲挽起之，会有故而止。①

这位"美丈夫"姓徐名舫字方舟，桐庐人，善诗。他"以语侵"刘基，显然是讥讽刘基等人的转向，而刘基、叶琛、章溢想把徐舫一块拉上黟川，无非是为给自己解嘲。到应天之后，基等三人仍感不安，刘基自己说：

> 庚子之岁，予与金华宋先生俱来京师。时上渡江未久，浙东方归附，先生与予及予同乡叶景渊、章三益同居

---

① 《宋文宪公全集》卷二四《故诗人徐方舟墓志铭》。

> 孔子庙学，惟日相与谈笑，虽俱不念家，而予三人者亦皆
> 不能无芥于心。惟先生泰然耳，日与文彦士相从游不倦，
> 人咸异焉。时先生有子二人，长曰瓒，字仲圭，次曰璲，
> 字仲珩，皆克家。盖凤以家事付二子久矣，故先生得以
> 优游。①

其实，宋濂处之泰然，能以家事付二子固然是一个原因，更重
要的原因是他既未曾仕元，也没有抗拒过朱军。章溢虽多次拒
受元官，但同朱军打过仗。叶琛、刘基则两者兼而有之。包袱
最重的是刘基，因为他还中过进士。清人赵翼曾注意到"元末
殉难者多进士"，他在《廿二史札记》中列举了十六人，称赞
他们"可谓不负科名者哉"。十六人中与刘基同年应举者有余
阙、李齐、聂炳、丑闾、月鲁不花五人，除月鲁不花死难较
晚，余阙等四人均在刘基投朱元璋前死于职。② 元代读书人很
看重进士科名，与一般官员相比，进士出身者更重视"名节"。
洪武二年，越人许汝霖力辞官职，理由之一便是"余先朝进
士"。③ 许汝霖字时用，至正十五年任元诸暨州判官，刘基《诸

---

① 《文集》卷一五《送宋仲珩还金华序》。
② 《廿二史札记》卷三〇。
③ 《宋文宪公全集》卷二《送许时用还越中序》。

暨州重修州学记》提到许汝霖并指出他同另两个人"俱以进士受命来佐是州"。① 因此，尽管刘基的转向在今天看来是弃暗投明，在元末明初持保守观念的人看来却是叛道。对比余阙、李齐或许汝霖，刘基虽然"负气甚豪"（宋濂语），内心绝不轻松，故而十年之后他坦陈自己初到应天时不能像宋濂一样处之泰然。刘基的转向只能在同是投朱者中得到理解。例如王祎在至正十八年为《少微倡和集》写序，称"祎得而读之，窃叹其爱君忧国伤世闵俗之情见于言辞者何其惓惓也"；五年以后为《郁离子》作序，又称刘基"遭世大乱，益韬晦不苟出，虽出不苟就也。用是人尊信之，以为有道之君子云"。王祎不以刘基的转向为非，是因为他本人与刘基一样到了礼贤馆。王祎又有《次韵刘先生古诗十首》，其八云：

> 慨叹将何为，愿言启茅塞。先生括苍彦，长髯漆光黑。平生守劲节，枉直较寻尺。著书三万言，石室岂寥寂。还携青黎杖，来作珠履客。不才托末契，承训庶朝夕。②

---

① 《文集》卷一三。
② 《王忠文公文集》卷一。

王袆是婺州义乌人，在元未仕。估计上诗是他与刘基同在礼贤馆作"珠履客"（有谋略的门客）时写的，因为不久他就丁母忧返里了。"三万言"即《郁离子》。

以上是刘基投赴应天的大致经过，虽然某些细节尚待进一步研究，但离实际情形不会太远。回过来看《行状》，它在这方面讲了些什么呢？它说刘基早在十多年前就已看出金陵将有新的王朝兴起了：

> 尝游西湖，有异云起西北，光映湖水中。时鲁道原、宇文公谅诸同游者皆以为庆云，将分韵赋诗，公独纵饮不顾，乃大言曰："此天子气也，应在金陵，十年后有王者起其下，我当辅之。"时杭城犹全盛，诸老大骇，以为狂，且曰："欲累我族灭乎？"悉去之。公独呼门人沈与京置酒亭上，放歌极醉而罢。时无能知者，惟西蜀赵天泽知公才器，以为诸葛孔明之流。

这就是后世流传的"西湖望云"故事，《实录》刘基传和张时彻《刘公神道碑》都转引了。按照这个故事，刘基早在至正十年以前就预言了朱元璋的兴起，所以后来非常自觉地前往辅之。在编了这个故事以后，《行状》作者又编了指乾象谈天命的一段，还说刘基在孙炎来聘之前已"决计趋金陵"并对人言"天下之事在吾与所辅者尔"。钱谦益已指出这类故事的荒诞无稽，他说：

> 处平之后，公迁延避匿，待孙炎辈钩致，久之始入见，非独以仕元日久，不欲轻为我用，亦不忍负石抹也。读《覆瓿集》与石抹倡和诗，公之心事，二百年后可以想见。《行状》载西湖见庆云，谓金陵有天子气，我当辅之，及上取金华，指乾象示人云云，吾以为皆佐命之后其门人子弟从而为之词，非公之本心也。《封诚意伯诰》云："朕提师江左，兵至括苍，尔基挺身来谒于金陵，归谓人曰：'天星数验，真可附也，愿委身事之。'于是乡里顺化。"《封弘文馆学士诰》云："当是时，括苍之民尚未深信，尔老卿一至，山越清宁。"然则公之事我太祖，倾心佐命，盖在金陵谒见之后。太祖之知公深矣。为著其梗概若此。①

《行状》所言，当然并非出于刘基本人，但与朱元璋脱不了关系。钱谦益到底是明朝臣子，虽致力于考辨史事，但遇事

---

① 《牧斋初学集》卷一〇二《太祖实录辨证》。

涉太祖，他的客观性便会打点折扣。刘基五十岁前写了那么多诗文，从未表示过他能以观象之术预测吉凶，说他"睹列曜垂象，每言有准"的是朱元璋，也是朱元璋称刘基投赴应天是"仰观俯察"（《御赐归老青田书》）的结果（"仰观"即观乾象，"俯察"即察地理。那时的人把看地理风水称作"俯察之学"，参看本书下章所引朱升的话）。既然刘基是因"仰观俯察"而决定去应天的，《行状》造出西湖望云一段自然也有了根据。这个问题，下面还要讲到。

七　建功立业（1360—1367）

　　刘基等四人抵达应天的庚子年（1360），在应天为大宋龙凤六年。这一年是朱元璋归属大宋的第六年，占有应天的第五年。这时的朱元璋名义上是大宋的江南等处行中书省左丞相，实际上自主一方；他的军队形式上仍是红巾军，[①] 实际上已成为地主阶级军队。在过去五年里，朱元璋成功地取得境内地主阶级的支持与合作，从地主阶级儒生那里学到许多政权建设的知识与经验，将之付诸实践。大致回顾一下朱元璋政权五年间走过的道路，有助于正确评估刘基对建立明朝所起的作用。

　　龙凤元年（1355）六月，朱元璋渡江取太平（今安徽当

---

　　① 前引陈高诗句"红巾攻破处州城"，表明时人仍视朱元璋军队为红巾军。就在攻破处州时，朱元璋在徽州绩溪招农民入伍，舒頔赋《招军行》记其事，有"匹夫耀武黄荆旗，小卒扬威红结首"之句（《贞素斋家藏集》卷三）。

涂），听取了当地儒生陶安的建议，停止农民起义针对地主、富户的暴力行动，确定了以汉族地主阶级为力量基点的方针。他以儒士为地方长官，以税户（有产业之家）领乡兵，使地方权力掌握在地主阶级手中。

龙凤二年（1356）三月，朱元璋攻克集庆（今江苏南京），入城当天召集元朝官吏和"父老"人众，要他们各安旧业，同时表示要革除元朝某些弊政，保持原来的社会秩序。这是实施在太平确定的方针；由于这一方针，朱元璋相当轻便地接管了集庆这个江南重地，改集庆为应天府。又有一批儒士参加了朱元璋政权，不少元朝官吏受到录用。陈高说："至正十六年，寇陷金陵，宪台（指元江南行御史台）重臣入贼中受伪爵者往往有之。"① 这同说朱元璋克处州后"多少男儿入虏营"是一样的。朱元璋还为自己的武将文官解决了田产、俸禄问题，他规定武官"听从开垦荒田以为己业"，"文官拨典职田，召佃耕种，送纳子粒，以代俸禄"。② 文官职田召佃，产权犹在官府。武官开荒，不是使用军士便是召佃出租，绝不可能亲自动手，所开荒地却成武官私产，这使朱元璋手下许多出身贫苦的武官

---

① 《不系舟渔集》卷一四《刘忠宪公遗语跋》。
② 刘辰《国初事迹》。

在经济地位上迅速升为占田收租的地主。

龙凤三年七月，朱元璋兵下绩溪、歙县（元徽州路治），到次年正月，尽得元徽州路一州五县之地。徽州地区在前几年曾是天完红巾军与元兵及当地地主武装剧烈争战的地方，朱元璋进入时面临户口流散、生产凋敝、地主武装众多的状况。朱元璋争取和依靠地主阶级支持，招徕流亡，恢复生产，重建正常的封建社会秩序。由于依靠地主阶级，朱元璋的官员在根本上不同于原先的天完红巾军将领；又由于注意恢复生产，稳定社会秩序，他们与一味残酷杀掠的元朝将官也大有区别。故而朱元璋政权对徽州地区的治理，既得到地主阶级的拥护，也能为广大农民接受。朱元璋亲自做了争取徽州地区儒生的工作。他访问朱升，接受了"高筑墙，广积粮，缓称王"三策；前两策旨在建立稳固的根据地，后一策要他暂寄大宋政权之下，背靠大树，积蓄力量，以俟将来。朱元璋又召见唐仲实（桂芳）、姚琏，听取他们对筑城等事项的意见。唐桂芳被任为紫阳书院山长，又得朱元璋亲自召见，深感朱元璋知遇之恩。龙凤五年五月朱元璋称左丞相之后，唐桂芳写了不少诗文称颂朱元璋，如称"丞相控制方面"、"丞相按临于上"、"丞相聪明日滋"、"丞相梦寐求贤"、"丞相知人之明"等等，甚至称道"大丞相开天辟地"。朱元璋礼贤下士，博得徽州儒士们的高度好感。对原来的地主武装，朱元璋或者把他们收编入伍，或者把他们遣回田里；他们的头头不少成了朱元璋的官员。

龙凤四年二月，朱元璋军队攻取婺源后进入淳安，带兵的是朱元璋外甥李文忠。次月下建德，六月取浦江，十月入兰溪，十二月破金华。五年正月下诸暨，九月得衢州，十一月克处州。至此，元浙东道宣慰司属下温州、庆元、台州、婺州、处州、衢州、绍兴七路，朱元璋与方国珍各得其三，绍兴则为张士诚所有。朱元璋部队一进入浙东，大大加快了同地主阶级结合的步伐。在浦江，李文忠首先给豪族郑铉一家以特殊的保护和优遇。郑铉家族自其远祖郑绮起，从南宋初到元末近二百五十年间，七世合食聚居，故称"义门"。元代屡受朝廷旌表，获免徭役。至正初余阙（就是与刘基同年举进士的余阙）任浙东道廉访司佥事，誉郑家为"浙东第一家"。郑铉（1295—1364）壮年游大都，交结士大夫。铉堂兄铭从名儒吴莱学，莱父直方为丞相脱脱师，所以铉子泳与从子深得在脱脱家讲课授徒，脱脱子哈剌章即从郑深学。郑铉曾"为书数千言，陈时政之弊"，由深等进于脱脱。脱脱主修《宋史》，郑绮名列《孝义传》。郑深任宣文阁授经郎时，皇太子爱猷识理达腊赐书"麟凤"二字。郑家藏书八万卷，名儒黄溍、柳贯、宋濂均与"纳交"，"知之固深"。郑家以其政治经济地位，实际上是金华学派的支柱。① 宋濂在郑家授课多年。朱元璋取婺，郑铉全家避兵诸暨流子里，宋濂同往。李文忠刚入浦江就派帐前先锋率兵丁二千护送郑铉全家返回乡里。这种大张旗鼓的做法，与其说是出于对一户"义门"的尊重，不如说是为了政治宣传的需要；优遇"浙东第一家"，是为了笼络浙东的地主阶级。此举收到了预期的效果，宋濂等金华地区的儒士迅速出为朱元璋所用，不能不说与此有关。龙凤六年，朱元璋又仿照元朝旌表郑氏，蠲免其家徭役。

在金华，朱元璋对地主阶级的笼络采取了更加直接而普遍的方式。他取金华当月，改婺州路为宁越府，以儒士王宗显为知府，"选宁越七县富民子弟充宿卫，名曰御中军"。御中军是元朝怯薛制的翻版。熟悉元代制度的人都知道，成吉思汗初置怯薛万人，其大多数是万户、千户、百户的子弟。这支队伍时称大中军，是蒙古最精锐的部队。怯薛制是成吉思汗征调臣下子弟入质的手段，也是蒙古贵族子弟晋升的途径，怯薛们轮番宿卫宫禁。入元以后，怯薛是高级官员的主要来源，官员以怯

---

① 以上郑氏事迹，参看日本檀上宽著《郑氏义门与元末社会》，载《东洋学报》第63卷第3、4号，东京，1982年。

薛出身最显贵，它构成元代官僚阶层的核心。因此，朱元璋仿大中军建御中军，其用心是宁越七县富民一目了然的；御中军的建立，向富民们展示了通向显贵的道路。

在金华，朱元璋还高扬统一中华、恢复大宋的旗帜。俞本《纪事录》称："克婺州，于省门建立二大黄旗，两旁立二牌，旗上书云：山河奄有中华地，日月重开大宋天。牌上书云：'九天日月开黄道，宋国江山复宝图。'"[1] 刘辰《国初事迹》说："太祖克婺州，于南城上竖立大旗，上写'山河奄有中华地，日月重开大统天。'"江浙入元之前本是南宋腹心之地，元朝八十年的统治改变了当地汉人的国家观念。共同的阶级利益使汉族地主阶级在农民战争初期坚定地同元政府站在一起，我们已经见过刘基、章溢、胡深等人是如何自觉地支撑元朝的统治。可以断言，如果不是农民起义沉重打击了元朝政府，汉族地主阶级根本不想同元朝政府分手。"奄有中华"也好，"重开大宋"也好，只是在汉族地主阶级认识到元的灭亡已经不可避免，另建新的封建王朝才是出路时，才能对他们产生吸引作用。朱元璋适时地把大宋旗帜带进浙东，又配之以种种笼络汉族地主阶级的政策，因而使当地地主阶级受到很大鼓舞，往投

---

① 钱谦益《国初群雄事略》卷一《宋小明王》。

者纷纷，其中许多是地主武装头子。例如，浦江的蒋镕（字可大）、吴志德，永康的吕文燧（字用明）、吕文焜（字兼明）兄弟，东阳的陈显道，等等。蒋镕、吴志德投朱元璋后均被授为浦江翼副元帅，蒋镕导朱军南取义乌。① 吕文燧先以族人附朱元璋，被授为永康翼左副元帅兼知县事，因他本人尚在杭州，由吕文焜暂代。② 陈显道是因佩服朱军为"吊伐师也"而主动归依的，"遂留辕门，参决军务"。③

以上是刘基等四人抵应天前朱元璋政权的大致发展过程，它显示出那时的朱元璋政权已是比较成熟的地主阶级政权，只是规模尚小，架构还欠完整而已。④

从 1360 年三月起，刘基等四人加入了这个政权，朱元璋很快对他们中三人的职务作了安排。"亡何，〔章溢〕擢金营田司事，巡行江东两淮之境，田荒芜及耕垦者皆分籍之，差税赖之以便。"⑤ 叶琛也任营田司金事。⑥ 七月，宋濂任江南等处儒

---

① 《宋文宪公全集》卷四九《大明浦江翼右副元帅蒋公墓志铭》；《明太祖实录》卷六；《嘉靖浦江志略》卷七《人物志》。

② 《宋文宪公全集》卷三〇《故嘉兴知府吕府君墓碑》。

③ 《康熙东阳县志》卷一三《武功》。

④ 参看拙作《龙凤年间的朱元璋》，见《元史论丛》第四辑。

⑤ 《宋文宪公全集》卷四《御史中丞章公神道碑铭》。

⑥ 《明史》卷一二八《叶琛传》。

学提举。① 章溢、叶琛、宋濂三人不仅最初担任的职务清楚，其后转任的职务也清楚。奇怪的是，四人中唯独本书主人公刘基始任何职，《行状》、《神道碑》和《太祖实录》都没有讲。直到龙凤十一年（1365）七月，《实录》才提到一句"以刘基为太史令"，这已是刘基抵应天五年之后了。那么，在前五年里刘基任过什么职呢？我们就来解答。先根据《实录》和《行状》的记载来看当时刘基的实际所为。

先看《实录》。《实录》在庚子（1360）三月以后，乙巳（1365）七月以前总共提到刘基两次。第一次是在辛丑（1361）八月庚寅，朱元璋召诸将议伐陈友谅，"刘基亦言于上曰：'昨观天象，金星在前，火星在后，此师胜之兆。愿主公顺天应人，早行吊伐。'上曰：'吾亦夜观天象，正如尔言。'"第二次是在癸卯（1363）五月，"癸酉，置礼贤馆。先是上聘诸名儒集建康，与论经史及咨以时事，甚见尊宠，至是复命有司即所居之西创礼贤馆处之。陶安、夏煜、刘基、章溢、宋濂、苏伯衡等皆在馆中。时朱文忠守金华，复荐诸儒之有声望者王祎、许元、王天锡至，上皆收用之。"在辛丑八月庚寅的记事中，我们看到一位术士的登场，其语言是在《诚意伯文集》中读不

---

① 郑楷《翰林学士承旨宋公行状》，见《宋文宪公全集》卷首。

到的。从癸卯五月癸酉的记事，我们知道刘基与章溢、宋濂都进了礼贤馆（前一年叶琛已在洪都知府任上去世）。章、宋两人都是有官职的，但是刘基呢？我想，本书第五章引的王祎《郁离子序》中的一段话可能为我们提供了答案。王祎这篇序就是癸卯年在礼贤馆时写的，他说刘基"遭世大乱，益韬晦不苟出，虽出不苟就也，用是人尊信之，以为有道之君子云"。"虽出不苟就"，说明刘基那时还没有就任某个具体官职；如果已经就任，王祎这些话就很不得体了。为什么到了应天三年尚不就官职？我想原因一定在刘基本人，是他自感履历不同于宋濂、章溢，多年来又以忠君自许，需要向人表明自己改换门庭是世乱所致，并非为了当官，以免被人轻视。他这样做受到好评，所以王祎说"用是人尊信之，以为有道之君子"。"不苟就"不等于不做事；既然已经出了，事总是要做的。做什么呢？王祎也讲了，那就是"珠履客"，即备顾问的谋士。

刘基在当珠履客期间究竟为朱元璋谋划了些什么，《实录》没有多少记载。《行状》记载的次数不少，自庚子至癸卯逐年都有，主要记刘基在军事上的贡献，但可信度极低。

一个突出的例子是龙凤六年（1360）闰五月朱元璋大败陈友谅的龙江之役。《行状》说：

会陈氏入寇，献计者或谋以城降，或以钟山有王气，欲奔据之，或欲决死一战，不胜而走未晚也，公独张目不言。上召公入内，公奋曰："先斩主降议及奔钟山者，乃可破贼尔。"上曰："先生计将安出？"公曰："如臣之计，莫若倾府库，开至诚，以固士心。且天道后举者胜，宜伏兵伺隙击之。取威制敌，以成王业者，在此时也。"上遂用公策，乘东风发伏击之，斩获凡若干万。

然而，《实录》卷八对此次战役的记载很详细，却没有提到有人谋以城降或欲奔钟山，更没有提到刘基说了什么。《实录》卷八只是说"群议皆欲先复太平以牵制之"，"或劝上自将击之"。脱胎于《行状》的《实录》卷九九《刘基传》有许多段落都照抄《行状》，但叙龙江之役一段却不从《行状》，改作：

是时陈友谅将入寇，诸将议欲上自将御之，纷纷莫能定。上曰："今天道后举者胜，若伏兵江岸俟其至而击之，可以成功。"基适从外至，因赞曰："上言是也。"

揆诸事理，《实录》的叙述显然比《行状》可信。首先，从龙凤元年渡江以来，朱元璋队伍的发展基本顺利。在陈友谅来攻前，朱军已领有集庆、镇江、宁国、广德、徽州、衢州、婺州、处州八路和常州路的一部分，故而士气旺盛。朱、陈之间，实力相差有限，而且此前已曾交锋，互有胜负。这年五月，陈友谅攻池州，被徐达、常遇春击败，"斩首万余级，生擒三千余人"。闰五月，陈友谅率舟师攻太平，守将花云等被执不屈死。接着陈友谅欲攻应天。以此形势，朱元璋部下不至于有人一听陈友谅来攻就主张投降。再则，钟山距应天城不过二十里，步行二小时可达，就算有人主张逃跑，焉能奔这等近处。第三，这时刘基投应天方三月，而且实际上是降官身份，就算已得朱元璋格外青睐，也不会张口就教朱元璋杀人。所以说，《实录》讲的要比《行状》可信得多。

另一个例子是龙凤七年八月朱元璋取陈友谅都城江州之前攻拔安庆的经过。《实录》记载如下：

> 戊戌，至安庆。敌固守不战，上以陆兵疑之，敌兵动。乃命廖永忠、张志雄以舟师击其水寨，破敌舟八十余艘，获战船二十有七，遂克安庆，长驱至小孤。……壬寅，师次湖口，……敌舟退走，乘胜追至江州。……友谅穷蹙，夜半挈妻子弃城走武昌。癸卯，我师入江州。……改安庆府为宁江府，以儒士吴去疾同知府事，复立宁

江翼。

宋濂《梁国赵公神道碑铭》记：

> 八月，上亲率六师伐伪汉，以报龙江之役，公（赵德
> 胜）从行。道经安庆，攻破其水寨，遂乘风直溯小孤山，
> 抵九江。[①]

宋濂的记述与《实录》是一致的。可是《行状》却说：

> 〔朱元璋〕乃定征伐之计。遂攻皖城（安庆），自昏达
> 旦不拔。公以为宜径拔江州，上遂悉军西上。陈氏率其属
> 走湖广，江州平。

明明是先拔皖城，后取江州，《行状》偏要说朱元璋听了刘基
的意见，皖城未下就径取江州。《行状》撰者在编造这段故事
时，甚至不去查看一下刘基的诗文。刘基在入明以后曾忆及拔
皖城取九江的经过，有诗云：

---

① 《宋文宪公全集》卷四。

> 忆昔天兵伐荆楚，舳舻蔽江千万橹。欢声激烈似雷霆，猛气咆哮震貔虎。拔栅皖城犹俯拾，探穴九江无险阻。①

刘基的诗证实了《实录》和宋濂的记述。如果皖城"自昏达旦不拔"，刘基会说"拔栅皖城犹俯拾"吗？

大概在龙凤七年冬或八年初，刘基母亲富氏病逝于老家，朱元璋知悉，立即下书慰问，并劝刘基暂勿回乡。慰书说：

> 今日闻知老先生尊堂辞世去矣，寿八十余岁，人生在世，能有几个如此？先生闻知，莫不思归否？先生既来助我，事业未成，若果思归，必当且宽于礼。我正当不合解先生休去，为何？此一小城中，我掌纲常，正宜教人忠孝，却不当当先生归去。昔日徐庶助刘先主，母被曹操将去，庶云："方寸乱矣，乞放我归。"先主容去，致使子母团圆。然此先生之母若生而他处，以徐庶论之，必当以徐庶之去。今日先生老母任逍遥之路，踏更生之境，有何不可？先生当以宽容加餐，以养怀才抱道之体，助我成

---

① 《文集》卷一六《赠杜安道》。

> 功，那时必当遣官与先生一同乡里荐母之劬劳，岂不美哉！①

但是，母丧毕竟是件大事，刘基岂能迟迟不归。所以刘基还是在龙凤八年正月或二月从江西动身归处州。② 这年的大部分时间，刘基是在家乡度过的。《行状》说：

> 初，公闻母富氏丧，悲恸欲即归。上以书慰留之，期以成功。公不得已，遂从征伐。至是辞归，上遣礼官伴送，累使吊祭，恩礼甚厚。时苗军反金华、括苍，杀守将胡大海、耿某、孙炎等，衢州或谋翻城应之，守将夏毅惧无所措。会公至，即迎入城，一夕定之。公即发书金、处属县，谕以固守所部。遂同邵平章诸军克复处城，擒苗帅贺某、李某，处州平。
>
> 公至家，营葬事，时语所亲以上必当有天下之状，于是乡里及邻附郡县翕然心服。方氏虽据温、台、明三郡，其士大夫皆仰公如景星庆云，其小民亦未尝不怀公之旧德

---

① 《文集》卷一《翊运录》。

② 根据《实录》，这年正月朱元璋先在江州后驻龙兴，于二月十五日离龙兴返应天。同年秋间朱元璋致书刘基，有"愚与先生自江西别后"的话。

也。方氏素畏公名，时遣人致书奉礼，公不敢受，使人白
　　于上。上因令公与通问，公因宣国家威德，方氏遂纳土
　　入贡。

《行状》这里讲了两件事，一件是刘基在归家途中帮助衢州守
将夏毅制止了衢州即将发生的动乱，并助邵荣收复处州；第二
件是刘基居处期间使方国珍归降了朱元璋，向朱元璋"纳土入
贡"。两件事一真一伪，均需加以说明。

　　金华、处州苗军的反叛事件始发于二月癸未（七日），平
定于四月己卯（四日），其全过程见于《实录》卷一〇、一一，
它书的记载也不少。《实录》说，金华苗军元帅蒋英等举事前
"以书通衢、处苗帅李佑之等，约以二月七日同举兵"，实际上
处州苗军至丁亥（十一日）才动手。刘基大概就是在这几天内
抵达衢州，所以帮助夏毅制止了一场动乱。四月间又同邵荣、
胡深等一齐收复处州。金华、处州的动乱历时近两月，朱元璋
一批得力的将领和官员胡大海、王恺、耿再成、孙炎均死于此
难。刘基在返乡途中自觉帮助当地守将共同战胜苗军，无疑会
得到朱元璋的赞赏，所以事后朱元璋有手书给刘基说：

　　　郎中胡深转奉到先生喻以守备之书，知人情之见，山

中豪杰，可否尽在其书。愚观先生之诚，又何言也！似先生有此护顾之心，括城可使愚高枕无忧矣。①

这证实了刘基的确如《行状》所说曾"发书金、处属县，谕以固守所部"。所以我认为，《行状》关于刘基参与平定苗军叛变之事的记载是真实可信的。

但是，《行状》关于刘基不费一兵一卒就使方国珍降了朱元璋的说法，则是绝对不可信的。因为根据《实录》的记载，早在龙凤五年（1359）年正月（即朱元璋取婺次月）方氏已向朱元璋遣使纳款，三月又"遣郎中张本仁以温、台、庆元三郡来献，且以其次子关为质"。此后几年，方氏虽仍奉元正朔，但继续向朱元璋进贡，何待龙凤八年经刘基从中宣说才"纳土入贡"？《明史》撰者想必看出了《行状》与《实录》的矛盾，但又解决不了，便在文字技术上做了处理：一方面根据《实录》，在《方国珍传》中说朱元璋取婺后方氏"以温、台、庆元三郡献"，但不提入贡；另一方面依据《行状》，在《刘基传》中说基向方氏"宣示太祖威德，国珍遂入贡"，却不说纳土。《明史》撰者以为，把纳土与入贡分系两处便绕开了《实

———————

① 《文集》卷一《翊运录》。

录》与《行状》的矛盾，这近乎文字游戏。近年有的著作想用另一种办法协调《行状》与《实录》的矛盾，先述1359年（至正十九年）方氏向朱元璋献物纳土，然后称1359年以后"朱、方之间关系日渐僵化"，故而方氏于1362年向刘基致书献礼，想通过刘基讨好朱元璋，经刘基从中沟通，"方国珍由此向朱元璋纳土入贡，为最终降附作了准备"。① 这种说法经不起事实的检验，因为方国珍对朱元璋的态度在1362年以后没有任何变化，他照旧在朱、元之间摇摆不定，照旧奉元正朔，照旧在向朱元璋贡献的同时为元运粮。1364年九月，其侄方明善还进攻过朱元璋之平阳，被胡深击退。② 次年方氏又趁刘基在应天的时候袭击青田，被刘基长子刘琏击走。③ 直到1367年（吴元年）秋冬间，朱元璋大兵连下台、温、庆元三路，遁入海岛的方国珍才遣子奉表请降。《行状》先言刘基仕元时为方氏宿敌，继言刘基至应天后方氏听其言向朱元璋纳土入贡，事理难通，两说均不可信。

《行状》还说，在刘基返乡期间"上时使人以书访军国事，公即条答，悉合机宜"。这倒是合乎事实的。成化、嘉靖、隆

---

① 周群《刘基评传》，页68—69。
② 《明太祖实录》卷一五。
③ 苏伯衡《故参政刘公墓碑铭》，见《文集》卷一《翊运录》。

庆三种刻本的《诚意伯文集》都收有一篇龙凤八年七月朱元璋给刘基的书信：

> 顿首奉书伯温老先生阁下。愚与先生自江西别后，屡有不祥，皆应先生前教之言。幸获殄灭奸党，疆域少安，收兵避暑。遣人专诣先生前，虔求一来，望先生发踪指示耳，日夜悬悬。六月二十二日克期回得教墨，谕以六月、七月间举兵用事不利先动，当候土木顺行、金星出见则可。使愚一见教音，身心勇跃，足不敢前。如此者何？盖以先生一二年间以天道发愚，所向无敌，今不敢违教。然择在七月二十一日甲子，未得吉时，是以再差人星夜诣前，望先生以生民为念、德教为心，早赐来临，是所愿也。如或未可即来，可将年月、吉日、时辰、方向、门户择定，密封发来，实为眷顾。惟先生亮察，不备。①

经查，龙凤八年七月二十一日确为甲子，信的真实性无可怀疑。可是信的内容呢？除了朱元璋盼望刘基早日返回他身边，我们还读到什么？我们读到，朱元璋在六月二十二日收到的刘

---

① 《文集》卷一《翊运录》。

基的信，是教朱元璋举兵用事需待"土木顺行、金星出见"。我们也读到，刘基一两年来（刘基从龙凤六年三月抵应天到八年元月离龙兴，在朱元璋身边总共还不到两年）一直以这样的"天道"教给朱元璋，灵验非常，"所向无敌"。我们还读到，朱元璋问的不仅是年、月、日、时，还有方向、门户。这不是向智者求计，而是向日者问卜，向阴阳家问休咎。那么，当时的刘基究竟在扮演什么角色呢？这个问题我们稍后再讲。现在我们继续按年代顺序叙述刘基的实际作为。

至迟在龙凤九年二月，刘基已回到朱元璋身边。当月张士诚以大军围攻韩林儿都城安丰（今安徽寿县），朱元璋出于君臣名分前往救援。刘辰《国初事迹》记：

> 张士诚围安丰，刘福通请兵救援，太祖亲援。初发时，太史刘基谏曰："不宜轻出。假使救出来，当发付何处？"太祖不听。

朱元璋迅速解安丰之围，救出韩林儿、刘福通。朱元璋不把他们接到应天，而是"迎驻滁州，创造宫殿居之，易其左右宦侍"，①

---

① 《国初群雄事略》卷一《宋小明王》引俞本《记事录》。

韩林儿从此成为朱元璋掌中物，解答了刘基提出的问题。

这年四月，陈友谅率大军围攻洪都（一年前朱元璋改龙兴为洪都，即今南昌），历时八十余日。七月，朱元璋亲率兵将援洪都，刘基随行。两军大战于鄱阳湖。八月二十六日，陈友谅中箭死，汉兵大溃。《行状》这样说了刘基对鄱阳湖之役的贡献：

> 　　时陈友谅据湖广，张士诚据浙西，皆未下。众以为苏、湖地肥饶，欲先取之，公曰："张士诚自守虏耳，陈友谅居上流，且名号不正，宜先伐之。陈氏既灭，取张氏如囊中物耳。"会陈氏复攻洪都，上遂伐陈氏，因大战于彭蠡湖，胜负未决。公密言于上，移军湖口，期以金木相犯日决胜，上皆从之，陈氏遂平。

关于先取张还是先灭陈的议论，或许确有其事，但必须看到鄱阳湖之战是陈友谅围攻洪都挑起的，由不得朱元璋另作抉择。控湖口之计也许出自刘基，由于是"密言于上"，《实录》未载，今人也无法确知。所谓"金木相犯日决胜"，倒是合乎刘基此时的用语。令人不解的是，《明史·刘基传》又给鄱阳湖之战增了一段情节：

> 太祖坐胡床督战，基侍侧，忽跃起大呼，趣太祖更
> 舟。太祖仓卒徙别舸，坐未定，飞砲击旧所御舟立碎。友
> 谅乘高见之，大喜。而太祖舟更进，汉军皆失色。

这段情节《实录》、《行状》都没有，不知《明史》采自何书，真是愈说愈神了。

自龙凤九年五月刘基进礼贤馆至龙凤十一年七月刘基任太史令，中间二年多时间，《实录》记事一字未提刘基。《行状》自从讲了鄱阳湖之役，也没有再讲以后一年半时间里刘基做了什么，直到写龙凤十一年六月刘基预言胡深之死：

> 一日，公见日中有黑子，奏曰："东南当失一大将。"
> 时参军胡深伐福建，果败没。

以上是刘基任太史令之前五年间见于记载的活动。根据这些活动，推断不了刘基那时担任什么官职，恐怕一直处于"不苟就"的状态，只能说他是朱元璋的谋士兼术士。刘基的官职是从任太史令起才为我们所知的，在其后两年多时间里，直到明朝建国，《实录》八次提到刘基的言行，我们全抄在下面：

（龙凤十二年三月甲辰）上语太史令刘基、起居注王
祎曰："天下兵争，民物创残，今土地渐广，战守有备，
治道未究，甚切于心。"基对曰："战守有备，治道必当有
所更革也。"①

（龙凤十二年四月己未）上谓太史令刘基、起居注王
祎曰："兵戈未靖，四方凋瘵，军旅之需一出于民，吾欲
纾其力，奈何？"基对曰："今用师之日，必资财用，出民
所供，未可纾也。"上曰："我谓纾民之力在均节财用，必
也制其常赋乎。国家爱养生民，正犹抱赤子惟恐伤
之。……今日之计，当定赋以节用，则民力可以不困，崇
本而祛末，则国计可以恒舒。"基对曰："臣愚所不及，此
上下兼足之道，仁政之本也。"②

（龙凤十二年八月庚戌朔）拓建康城。初，建康旧城
西北控大江，东近白下门外，距钟山既阔远，而旧内在城
中，因元南台为官，稍庳隘。上乃命刘基等卜地定，作新
官于钟山之阳，在旧城东白下门之外二里许。故增筑新
城，东北尽钟山之趾，延亘周回凡五十余里，规制雄壮，

---

① 《实录》卷一九。
② 《实录》卷二〇。

尽据山川之胜矣。①

（吴元年九月）上谓太史令刘基、学士陶安曰："张氏既灭，南方已平，宜致力中原，平一天下。"基对曰："土宇日广，人民日众，天下可以席卷矣。"上曰："土不可以恃广，人不可以恃众。吾起兵以来，与诸豪杰相逐，每临小敌亦若大敌，故致胜。今王业垂就，中原虽板荡，岂可易视之，苟或不戒，成败系焉。"基曰："近灭张氏，彼闻而胆落，乘胜长驱，中原孰吾御者？所谓迅雷不及掩耳。"上曰："深究事情，方知通变。彼方犄角，相为声援，岂得遽云长驱，必凭一战之功，乃乘破竹之势。若谓天下可以径取，他人先得之矣。且尝观之，彼有可亡之机，而吾执可胜之道，必加持重，为万全之举，岂可骄忽以取不虞也。"②

（吴元年十月丙午）改太史监为院。设院使，正三品。……以太史监令刘基为院使。③

（吴元年十月壬子）置御史台及各道按察司。御史台设左右御史大夫，从一品；御史中丞，正二品。……以汤

① 《实录》卷二一。
② 《实录》卷二五。
③ 《实录》卷二六。

和为左御史大夫，邓愈为右御史大夫，刘基、章溢为御史中丞。……基仍兼太史院使，上谕之曰："国家新立，惟三大府总天下之政。中书政之本，都督府掌军旅，御史台纠察百司。朝廷纪纲尽系于此，而台察之任实为清要。卿等当思正己以率下，忠勤以事上……"①

（吴元年十月甲寅）命中书省定律令，以左丞相李善长为总裁官，参知政事杨宪、傅瓛，御史中丞刘基，翰林学士陶安，右司郎中徐本，治书侍御史文原吉、范显祖……为议律官。初，上以唐宋皆有成律断狱，惟元不仿古制，取一时所行之事为条格，胥吏易为奸弊，自平武昌以来，即议定律。至是台谏已立，各道按察司将巡历郡县，欲颁成法，俾内外遵守，命善长等详定。……乙卯，上谓台宪官刘基、章溢、周祯等曰……。②

（吴元年十一月乙未）是日，太史院进戊申岁大统历。……既而上召御史中丞兼太史院使刘基，谓曰："古者以季冬颁来岁之历，似为太迟。今于冬至，亦为未宜。明年以后皆以十月朔进。"初戊申历成，将入梓，基与其

---

① 《实录》卷二六。
② 《实录》卷二六。

属高翼以所录本进。上览之，谓基曰："此众人之为乎？"基曰："是臣二人详定。"上曰："历数者国之大事，帝王敬天勤民之本也。……卿等推步，须各尽其心，以求至当。"基等顿首而退。乃复以所录再加详校，而后刊之。①

刘基跟随朱元璋十五年，以大明开国为界，刚好分成两个七年半。他在后七年半里没有多大作为，前七年半才是他建功立业时期。但在前七年半中，他有五年是当不领官职的谋士，谋士议事时常不在庙堂之上，故而是史官记不到的。那时刘基究竟做了多少贡献，只有朱元璋最清楚。自从龙凤十一年（1365）七月任太史令以后，刘基见于《实录》记载的次数多了起来。我们看他在明朝开国前两年中公务是很繁重的。他既要负责校定历数，又要参加制定律令。他还向朱元璋建议及时北伐中原，虽然朱元璋当天说是要"持重"，次月中旬就做出了北取中原的决定，实际上接受了刘基的意见。

不知从何时起，人们就把刘基看作一个了不起的军事家了；明人称刘基为"军师"，现今许多著述都称道他"精通兵法"。但五十岁以前的刘基实在没有表现出多深的军事修养。

----

① 《实录》卷二七。

在处州三年，只是助石抹宜孙镇压境内的小股民变；及至朱元璋发兵来攻，未见结果就辞官而去。这就是他在写《郁离子》以前的全部军事经验。刘基是读过《孙子》的，他自己说："吾尝读《孙子》十三篇，而知古人制敌之术。"① 但读过《孙子》并不等于精通兵法。《郁离子》十八篇一百八十余条，虽然谈到历史上的军事，不过是"善战者省敌，不善战者益敌"，"楚国朝亡，齐必夕亡"之类的老话，不见有什么真知灼见。倒是在《九难》篇里，随阳公子对郁离子讲到"戎卒十万，虎贲三千，……吾愿与先生将之"，郁离子回答说："孔子曰：'俎豆之事则尝闻之，军旅之事未之学也。'仆不愿也。"他坦率地承认自己未学也不愿从事军旅之事。因此，如果刘基真是一位精通兵法的军事家，其表现只能从他投朱元璋以后的经历中去找。但是，如何能证实他的军事业绩呢？《行状》的记载虽然不少，但在剔除了那些杜撰的故事之后，剩下的一两件事还能说明刘基是军事家吗？如果那一两件事能说明刘基是军事家，那么章溢、胡深就都是军事家。感兴趣的读者不妨把他们三人的小传拿来比较。

　　我这样讲，并非要全盘否认刘基在朱元璋进行的战争中起

---

　　① 《文集》卷一一《赠奕棋相子先序》。

过作用。刘基入明前在朱元璋身边当了几年谋士，洪武初又得
高官，必定在军事和政权建设方面起过作用。像龙凤八年
（1362）春他在回乡途中参与处置金华、处州苗军反叛，龙凤
九年朱元璋救安丰他提醒说倘把刘福通、韩林儿救出来"当发
放何处"，都表现了他作为谋士的作用。在大的军事部署方面，
他完全可能参与过决策。朱元璋称赞刘基"资兼文武"，"经邦
纲目，用兵后先，卿能言之，朕能审而用之"，① 当然有一定的
事实根据。但是，仅有朱元璋这几句话，后人未必会把刘基的
军事业绩抬到那样的高度；是《行状》以及《行状》问世以后
刘基乡人的不断炒作，把刘基抬到朱元璋手下唯一军事家的地
位。本书将在最后一章中详加说明。

　　说到这里，我想转到另一个话题，即刘基是否还是一个从
事星相占卜的术士。按照《行状》的记述，刘基的军事谋划是
同他的星相占卜之术密切相关的，什么"青云起"如何、"黑
云起"又如何，什么"金木相犯日决胜"，什么"见日中有黑
子"知"东南当失一大将"等等，尽是术者之言，并且竟是屡
言屡中。而且我们已经知道，把刘基写成术士并非《行状》的
创造，朱元璋就是这样用刘基的。在科学昌明的今天，当然不

----

① 《文集》卷一《翊运录·御史中丞诰》。

应该相信这套星相占卜之术，但在今人的学术著述中偶尔也能看到称道刘基"精象纬之学"的评语。多数学者不信"象纬之学"，但又确信刘基言而有验，想对之作出唯物主义的解释，遂称刘基的预言是根据他对当时的政治、军事形势进行分析后作出的，附以星相占验的形式。这种解释比说刘基"精象纬之学"高明些，但解释不了像预言胡深之死这类的鬼话。不过，无论怎样我们总须承认刘基扮演了术士的角色，因而有必要考察刘基是在怎样的条件下如何扮演了术士。

从刘基本人的著作中，绝对找不出术士的言论。他仕元时写有一篇《赠徐仲远序》，很能反映他对星相占卜之术的观点，他说：

> 世之所谓祸福通塞者，果由于命耶？……天以阴阳五行生为人也。阴阳五行之精是为日月木火土金水之曜。七曜运乎上，而万形成于下。人也者，天地之分体，而日月木火土金水之分气也。理生气，气生数，由数以知气，由气以知理，今之言命者之所由起也。夫气，母也；人，子也。母子相感，显微相应，天人之理也，则亦何可废哉！日至而麋鹿解，月死而蠃蚌蟭；温风动而荠麦死，清霜降而丰钟鸣。物理相通，不可诬也。天台徐仲远以七曜四余

> 推人生祸福无不验，予甚异之，而赠以言。若夫吉凶利害
> 之所趋避，则吾闻之孟子矣。

这段话表明，刘基相信人是有"命"的，"命"是可以通过七曜四余之术卜知的（"无不验"），但他自己不通此术（"甚异之"），而且作为儒者他只愿谈仁义，不愿谈吉凶利害之趋避（"闻之孟子"）。这段话划清了儒者与卜者（日者）的界线，颇能代表当时大多数儒者的共同立场。

刘基在与石抹宜孙同守处州的三年里，从来没有表现出他会术士那一套，可是在投朱元璋以后似乎换作一人，他的一些行迹几乎与铁冠子张中相同，写《国初事迹》的刘辰就把"处州刘基、江西铁冠"并提。

铁冠子张中是什么样的人呢？宋濂介绍说：

> 张中字景华，临川人也。少习儒，以《春秋》应进士
> 举，不中，遂放情山水，历游江右诸郡。遇异人，授以太
> 极数，谈祸福多验。时天下大乱，归隐幕府山，与人言
> 避兵之方，从之者吉，违则凶。

龙凤八年（1362）正月朱元璋抵龙兴（今南昌），张中经邓愈

推荐给朱元璋,当即预言了这年四月龙兴发生的康泰之乱,又预言了七月在应天发生的邵荣、赵继祖之变。次年又预言了应天城内忠勤楼火药爆炸事件。据宋濂说,张中预报得最准的是鄱阳湖之战大胜的时间。朱元璋在七月癸酉日问张中,张中答以"五十日当大胜",八月壬戌日陈友谅中箭死,癸亥日陈友谅余众五万降。宋濂赞叹说:"自癸酉至癸亥仅五旬!"张中因戴铁冠,人称铁冠子或张铁冠。① 《实录》卷一三有张中小传,应是依据宋濂撰写的《张中传》。

《实录·张中传》之前,还记了一个名叫周颠仙的人的事迹,也是讲他预言鄱阳湖之战如何灵验。大概当时朱元璋确实网罗了一些这样的术士,及至鄱阳湖战胜归来,乘兴把这些人吹嘘一通。但是,当刘基被人视若张中、周颠仙之流时,他会作何感想呢?他愿与这些人并列为伍吗?

顺便提一下,被誉为明代进步思想家的李贽(1527—1602),对刘基、张中、周颠仙三人擅长术数是深信不疑的,在他撰写的《续藏书》中竟把刘、张、周三人合为一传,还说刘基"既精晓天文,安有不知己之死日在洪武八年,而己死之

---

① 《宋文宪公全集》卷三。

年仅六十又五也"。① 也是荒唐得可以！

　　朱元璋非常迷信，终其一生都离不开天道鬼神，这固然有自欺的成分，但更多的是欺人。洪武二十九年，解缙上疏直言批评朱元璋"以神道设教"，"欲以愚弄天下"。② 朱元璋早期网罗术士，求神问卜，吹嘘术士的灵验，有意塑造和宣传像周颠仙、张中这样的人物，无非是用以烘托自己得到天助。吴元年(1367)十月，朱元璋改太史监为太史院，以刘基为院使，他对侍臣说："吾自起兵以来，凡有所为，意向始萌，天必垂象示之，其兆先见。"③ 此话说出了他鼓吹术士灵验的目的。出于同样的目的，他也把个别儒生当作半个术士来使用，要他们兼操星相卜之术。在这方面，刘基是突出的一个，却不是最早的一个，在刘基之前已有朱升。朱升字允升，是徽州儒生，在元曾任池州路儒学正。他通《易经》，研蓍卦，还自称通地理阴阳。至正九年著《地里（理）阴阳书》，自序云："余幼而困穷，于卑猥事盖多致力，俯察之学尤为留心。"④ 但朱升毕竟是儒者，虽自称懂得地理阴阳五行，却不甘与卜者为伍，故把

---

① 《续藏书》卷二。
② 解缙《大庖西封事》，《明经世文编》卷一〇。
③ 《实录》卷二六。
④ 《朱枫林集》卷三。

"俯察之学"纳入"卑猥事"中。至正十七年（1357）朱元璋克徽州，访朱升，升进"高筑墙，广积粮，缓称王"三策。其后朱元璋"密有访问，大抵礼乐征伐之议，赞画居多"，同时朱升也为朱元璋的军事行动占卜求卦。朱元璋还想通过朱升网罗更多的术士，《朱枫林集》收有至正十九年处州未下前朱元璋给朱升的书函，其文云：

> 御讳顿首。奉书允升宗长阁下。去冬宗长著伐婺州，得贞屯悔豫卦，云："此主公得天下之象也……"今伐婺州便得，果然。……及议进兵处州，著得复卦，二爻有变，占云："直候十一月阳生阴消，其城可得。"① 蒙教据守，阅九个月矣。……前八月五日已遣人奉达左右，预访山中有精天文著数者请同来，可再致意：肯同宗长来佐助者，必以佳宾右之。惟亮察。不具。②

在这以后，连招纳朱升也被朱元璋说成是朱升仰观天文后主动来归。吴元年十一月二十日，朱元璋赐朱升《免朝谒诏》，内称：

---

① 下处州正是十一月，此处很可能是朱升后人增改，以证朱升著卦灵验。

② 《朱枫林集》卷一。

> 岁次丙申，朕造基金陵，……未几，兵会新安，尔察历数，观天文，择主就聘。首陈三策，朕实嘉行。……及收抚伪汉黎庶，擒逆张，取中原，谋猷多中，岂非知无不言，言无不验者乎![1]

有朱升的例子参照，对刘基作为术士的行迹便好理解了。为适应朱元璋的需要，他不得不操着术士的语言讲什么五行、乾象。他在无可奈何的情况下投赴应天，也被朱元璋说成"仰观俯察，独断无疑，千里之余，兼程而至"，"能识主于未发之先，愿效劳于多难之际"。诸如"昼夜仰观乾象，慎候风云，使三军避凶趋吉"，"累从征伐，睹列曜垂象，每言有准，多效劳力"等等，都是朱元璋嘉许刘基神机妙算的话，[2] 同赞许朱升的话是差不多的。

现在可以明白，《行状》中关于西湖望云之类的神话是怎样出现的了。钱谦益以为，这类神话"皆佐命之后其门人子弟从而为之词，非公之本心也"。[3] 今天有学者认为，《行状》

---

① 《太祖实录》卷二七吴元年十一月壬辰记事提到免朱升朝谒。

② 见《文集》卷一《弘文馆学士诰》、《诚意伯诰》、《御赐归老青田诏书》。

③ 《牧斋初学集》卷一〇一《太祖实录辨证》。

中那些荒诞故事大多取自民间传说。而我以为，《行状》也好，民间传说也好，都是流而不是源。神化刘基的根子出在朱元璋，《行状》照着朱元璋定下的调子渲染附会，才造出那么一些荒诞的故事。至于民间的传说，恐怕是第三手的东西了。

朱元璋嘉许刘基预知天命，是为了烘托自己。当时了解情况的朝臣心知肚明，故而无人作出反应。宋濂是刘基好友，深佩刘基"负气甚豪"，却无一言提到刘基擅长星相占卜，王祎、苏伯衡也如此。至于刘基本人内心作何感想，我们虽然无法细知，但尚能从他在受封诚意伯后给朱元璋的《谢恩表》看出一些迹象。该表写于洪武四年二月刘基返乡后不久，对朱元璋赐给他的《诚意伯诰》，刘基答谢说：

> 臣基一介愚庸，生长南裔，疏拙无似。其能识主于未发之先者，亦犹巢鹊之知太岁，园葵之企太阳，以管窥天，偶见于此，非臣之知有以过于人也。至于仰观乾象，言或有验者，是乃天以大命授之陛下，若有鬼神阴诱臣衷，开导使言，非臣念虑所能及也。①

---

① 《文集》卷一《翊运录》。

这段文字看起来谦恭之至，实际上是对朱元璋派给他的角色敬谢不敏。诰书说他"能识主于未发之先"，他说自己"偶见于此，非臣之知有以过于人也"；诰书说他"睹列曜垂象，每言有准"，他只承认自己"言或有验"，但"非臣念虑所能及也"。语言是那么谦卑，却解下了多年被迫戴着的术士面具，同时仍满足了朱元璋对天命神鬼的需求。他自幼受儒家正统教育，长成治《春秋》，立志以学问文章济世。他在《郁离子·九难》篇中自言其志说：

> 仆愿与公子（随阳公子）讲尧、禹之道，论汤、武之事，宪伊、吕，师周、召，稽考先王之典，商度救时之政，明法度，肄礼乐，以待王者之兴。若夫旁途捷歧，狙诈诡随，鸣贪鼓愚，侥幸一时者，皆不愿也。

这样的价值观与术士、卜者是完全不同的。他替朱元璋扮演术士，是出于无奈，内心必不舒坦。后世给他塑造的"前知五百年，后知五百年"的形象绝非他本人所愿。

八 七年沉浮 (1368—1375)

公元 1368 年 1 月 23 日（阴历戊申年元月四日），朱元璋即皇帝位于应天，宣告大明国建立。刘基的政治生涯从此也进入一个新阶段。

刘基入明后度过七个半春秋。在这段时间里，他三次受封，三次被打发还乡，内中隐情已难完全发覆，这里只能略言一二。

朱元璋即位当日，册立皇后和皇太子，封李善长、徐达为左、右丞相，给一些功臣晋升官职。李善长、徐达自龙凤十年（1364）起就是朱元璋的右相国和左相国，实际上就是丞相，只是因为那时朱元璋尚称吴王，所以他们用了相国一名。吴元年十月，朱元璋改百官礼仪尚右（这是元朝的制度）为尚左，因而李善长、徐达互换左右。现在朱元璋称帝，李、徐二人便正名为左、右丞相，其他高官的名位也需要重新审定。元月六日，朱元璋在奉天殿大宴群臣，当天也再定了刘基与章溢的御史中丞职务。宋濂说：

> 洪武元年正月，上即皇帝位，公（章溢）与执事毕。越翌日，召公及刘君基入见。上御奉天殿，群臣咸在，上历陈其功，并拜御史中丞。公辞，不允。寻兼太子赞善大夫。①

刘基、章溢的御史中丞是上一年十月九日任命的，距洪武元年正月六日还不足三月。由于国家新建，重申前命是可以理解的，但章溢请辞就不大好懂了，当时刘基是否也有请辞的表示呢？四天以后，朱元璋置东宫官属，李善长兼太子少师，徐达兼太子少傅，常遇春等也都有兼职，刘基与章溢同兼太子赞善大夫。

朱元璋在授章溢御史中丞时表彰了他的哪些功劳，如今不得而知，但朱元璋对刘基功劳的评语则可从给刘基的诰书中见到。考虑到这份诰书以后还要用到，这里全文引出：

> 奉天承运皇帝圣旨：太史令（令，原书作公，误）之

---

① 《宋文宪公全集》卷四《御史中丞章公神道碑》。

职，天下欣闻；中执法之官，台端清望。惟亲信之既久，斯倚注之方隆。前太史令兼太子率更令刘基学贯天人，资兼文武，其气刚正，其才宏博。议论之顷，驰骋乎千古；扰攘之际，控驭乎一方。慷慨见予，首陈远略。经邦纲目，用兵后先，卿能言之，朕能审而用之，式克至于今日，凡所建明，悉有成效。且括苍为卿乡里，地壤幽遐，山溪深僻，承平之世，民犹据险，方当兵起，乘时纷纭。原其投戈向化，帖然宁谧，使朕无南顾之忧者，乃卿之嘉谟也。若夫观象视祲，特其余事，天官之署，借重老成。以至谳狱审刑罚之中，议礼新国朝之制，运筹决胜，功实茂焉。乃者肇开乌府，丞辅需贤，断自朕衷，居以崇秩，清要得人，于斯为盛。於戏！纪纲振肃，立标准于百司；耳目清明，为范模于诸道。永绥福履，光佐丕图。可资善大夫、御史中丞、兼太子赞善大夫，宜令刘基准此。

这份诰书收在《文集》里，题作《御史中丞诰》，末署"洪武元年三月日"。诰书多方面称赞刘基的才学资质，表彰刘基对国家建立的贡献。后来朱元璋又有两份给刘基的封诰，比较起来，以这第一份的赞语最多最高。后世评刘基，也多以这份封诰为据，在突出刘基功绩的时候往往忽视了当时受朱元璋高度赞扬的绝非一两个人。可以推想，如果给章溢的封诰流传至今，我们同样可以读到一纸赞词。宋濂说："上爱公（章溢）甚，尝与公及刘君（刘基）曰：'二先生年向耄，恐感霜露致疾，善自卫摄，不宜早趋朝也。'"（《宋文宪公全集》卷四《御史中丞章公神道碑》）。可见朱元璋对两个御史中丞是一样尊重的。这年朱元璋四十二岁，刘基五十八岁，章溢五十五岁，故而朱元璋称他们"年向耄"。从表面上看，朱元璋对两个年逾半百的文臣是够客气的。可是，一当他们对这位初登帝位的君上有所冒犯，龙颜立刻露出了狰狞。

刘基拿到《御史中丞诰》方半年就被削职为民，打发还乡了。原因有几种不同的说法。刘辰《国初事迹》说：

> 京城自夏至秋不雨，有司祷求不应。……御史中丞刘基言三事：一曰出征阵亡病故军妻数万，尽令寡妇营居住，阴气郁结；二曰工役人死，暴露尸体不收；三曰张士诚投降头目不合充军。太祖曰："寡妇听其嫁人，不愿者送还乡里依亲。工役人释放宁家。投降头目免充军。"旬日仍不雨。太祖怒曰："刘基还乡为民，御史按察司官俱令自驾船只发汴梁安置，被问官吏赦罪还职。"

刘基所言三事，无疑都是应该改正的。他之触怒朱元璋，实际上同雨不雨无关，而是因为三件弊政中至少有两件是朱元璋本人造成的。刘辰在同书中说：

> 太祖谓李善长曰："出征阵亡及病故军妻俱令于寡妇营居住，不许出营，令人巡绰及把门在外。男子无故入营问罪。"

可见三事中的第一件就是朱元璋本人出的主意，用意自然是劝勉军人为他卖命，但这条规定即使用封建时代的标准看，也是过于残酷的。第三件事是将投降过来的原张士诚部下头目充军，虽未见到有其他记载，相信也是朱元璋本人的主意，因为朱元璋最恨张士诚。这三件事刘基平常看在眼里，未敢明言，现在借着求雨的机会直说了。这便触犯了朱元璋，但为求上天降雨，朱元璋不能拒谏，所以照着刘基的请求办了。可是天仍不雨，给了朱元璋发泄报复的机会，非但刘基被削职，还殃及御史台其他官员。章溢那时正奉命回处州征兵，否则恐怕亦难幸免。

与刘辰说的不同，《行状》说：

上幸凤阳，使公居守。……公案劾中书省都事李彬侮
法等事，罪当死。丞相李善长素爱彬，乃请缓其事。公不
听，遣官赍奏诣行在。上从公议，处彬死刑。公承旨即斩
之，由是与李公大忤。上回京，李公愬之，公乃求退，上
命归乡里。

《行状》说朱元璋幸凤阳，是弄错了。这年四月下旬朱元璋动
身去开封，闰七月返回，事见《实录》，不是去凤阳。关于刘
基因杀李彬而忤李善长事，《实录》卷三四所记与《行状》大
致相同，但称善长等语"上皆不听，会基有妻丧，因请告归，
上许之"。由于导致刘基去职的原因可能不止一个，《明史·刘
基传》兼采《国初事迹》、《行状》和《实录》三者所述，把它
们巧妙地串连起来，作如此叙述：

帝幸汴梁，基与左丞相善长居守。基谓宋、元宽纵
失天下，今宜肃纪纲。令御史纠劾无所避，宿卫宦侍有
过者，皆启皇太子置之法，人惮其严。中书省都事李彬
坐贪纵抵罪，善长素昵之，请缓其狱。基不听，驰奏。
报可。方祈雨，即斩之。由是与善长忤。帝归，愬基僇
人坛壝下，不敬。诸怨基者亦交谮之。会以旱求言，基

> 奏："士卒物故者，其妻悉处别营，凡数万人，阴气郁
> 结。工匠死，骸骨暴露，吴将吏降者皆编军户，足干和
> 气。"帝纳其言，旬日仍不雨，帝怒。会基有妻丧，遂请
> 告归。

今人谈这次削职的原因，多从《明史》。但是，必须指出，在刘基是主动请退获准还是被朱元璋革职的问题上，《国初事迹》的记载与《行状》、《实录》很不一样，《明史》略去刘辰说的"太祖怒曰：刘基还乡为民……"一段，依从了《实录》所言基因丧妻"请告归"的说法。比较起来，我更相信刘辰的记述。朱元璋惩处刘基并殃及御史台其他官员的那段话，不是刘辰造得出来的。而且丧妻至多只能是乞假的理由，岂能成为求退的口实。

《行状》说，刘基在离京返乡前还向朱元璋奏言"凤阳虽帝乡，然非置都之地"。这同前面说"上幸凤阳"一样是错的。查《实录》，朱元璋自闰七月丁未（九日）返回应天，八月己巳（一日）就下诏"以金陵为南京，大梁（即汴梁）为北京"。诏书透露他从四月至闰七月去汴梁就是为了考察汴梁是否适宜建都，结论是"朕观中原土壤，四方朝贡，道里适均"，故而定汴梁为北京。当月壬午（十四日）朱元璋又去了汴梁，十月

丁丑（十日）方回。刘基被遣还乡里的时间正好在朱元璋宣布汴梁为北京和再次动身去汴梁之间，那时绝无可能议论凤阳置都之事。

刘基被革职后，心情极其恶劣。他怎么也想不到，大明王朝刚刚建立就会打发他还乡为民。还乡途中，他写下了《旅兴》五十首，其中三首作：

> 忆年二三十，笑人不能勤。诵书欻万言，落笔飞烟云。有朋自远来，讲论穷朝曛。一艺耻不知，高蹈躐前闻。宁知有衰老，耳聋目如熏。身世且未保，况敢言功勋。

> 徼福非所希，避祸敢不慎？富贵实祸枢，寡欲自鲜吝。疏食可以饱，肥甘乃锋刃。探珠入龙堂，生死在一瞬。何如坐蓬荜，默默观大运。

> 病身如朽木，蟰蚁群萃之。生意已无多，雨露空相滋。晨兴步庭除，足弱几不持。论年未应尔，胡为遽如斯？大块播万形，一躯非我私。暂假终必还，但有速与迟。居易以俟命，圣言岂吾欺。①

---

① 《文集》卷一五。

刘基后悔了，后悔自己龙堂探珠，结果弄得身家难保。现在是不敢言功，但求避祸，早知如此，还不如坐守草屋，静观天命。回想辛丑年（至正二十一年，刘基赴应天次年）二月癸卯日，刘基与宋濂、夏煜同游钟山，饮酒赋诗，夜间留宿山寺，"呼灯起坐，共谈古豪杰事，厕以险语，听者为改视"。① 那时豪情满怀，以为改换门庭后可以建功立业。谁知八年艰辛，功业虽建，自己却落得如此下场。现在的刘基真是身如槁木，心同死灰。经此打击，他的精神面貌再也没有完全恢复过来。从明代中叶起就有人注意到刘基入明后的诗文与其早期的诗文"先后异致"。现代学者钱穆说："伯温既从明祖定王业，……其心情之流露于诗篇，即所谓《犁眉集》者，常见为低沈衰飒，回视《覆瓿集》中与石抹宜孙唱和诸什之飞扬而热烈，奋厉而生动者，远不侔矣。"② 洪武元年受的这次打击，是一个重要原因。

　　顺便提一下，今人有把《旅兴》五十首误定为洪武四年春刘基返乡时的作品，这是没有注意时令的缘故。原诗反复写秋景秋物，如"初秋积雨过"、"秋风肃万物"、"秋气虽可悲，秋

---

① 《宋文宪公全集》卷三五《游钟山记》。
② 《读明初开国诸臣诗文集》。

色亦可悦"、"寒蝉枝上号，夏螽草间鸣"、"江上青如烟，秋月白如水"，等等。洪武年间刘基三次返归故里，只有元年这次是在秋季。《实录》载刘基被准予返乡是在八月丁丑（九日），当年因有闰七月，是日为阳历 9 月 21 日，已近秋分，故而途中秋意已浓。周群《刘基评传》系《旅兴》诗于洪武六年北上京师时。查刘基六年北上京师在七月，该年七月三十日才值阳历 8 月 18 日，离处暑尚差数日，天气不可能有浓厚的秋意。

回乡之后，刘基又写了一首《老病叹》：

> 我身衰朽百病加，年未六十眼已花。筋牵肉颤骨髓竭，肤腠剥错疮与瘕。人皆爱我馈我药，暂止信宿还萌芽。肺肝上气若潮涌，旧剂再歠犹淋沙。有眼不视非我目，有齿不啮非我牙。三黄苦心徒自察，五毒浣胃空矛戈。因思造物生我日，修短已定无舛差。璵璠不能使之少，卢扁焉能使之加？攻犀盬朽各有分，凫悲鹤悼何缪耶！不如闭户谢客去，有酒且饮辞喧哗。①

但是，朱元璋并没有让刘基从此闲歇家中，当年十一月十八日

---

① 《文集》卷一五。

他下诏要刘基"疾至"京师。从诏书文字看，朱元璋对刘基多少表示了一点歉意，称刘基"去久未归，朕心有欠。今天下一家，尔当疾至，同盟勋册，庶不负昔者之多难"。末了还特别申明："言非儒造，实己诚之意，但着鞭一来，朕心悦矣。"①有此数语，刘基不能不结束三个月的乡居生活，火速奔赴应天。

刘基返朝后任何职事，《行状》、《实录》、《明史》均未提到。许多书讲到他在洪武三年授弘文馆学士，漏言此前一年多时间里他任何官职。细读有关资料，可以找到答案，那就是恢复御史中丞原职。在洪武元年十一月十八日的诏书中，尚称刘基为"前太史令御史中丞"，至同月二十九日（估计这天刘基已返应天）追封刘基祖父母、父母的诰书，已称基为"资善大夫御史中丞兼太子赞善大夫"，去掉了"前"字。②洪武三年七月下的《弘文馆学士诰》讲得尤其清楚："可御史中丞兼弘文馆学士，散官如前。"③

恢复了官职，父祖辈又得到追封，刘基的心情自然要好些。据《实录》，洪武二年二月壬辰，他还藉机向朱元璋进言：

---

① 《文集》卷一《御宝诏书》。
② 《文集》卷一。
③ 《文集》卷一。

"古者公卿有罪，盘水加剑诣请室自裁，未尝鄙辱之，存待大臣之礼也。"这话显然包含他自身的体验。当时"侍读学士詹同侍坐，因取《大戴礼》及贾谊疏以进，且曰：'古者刑不上大夫，所以励廉耻，而君臣之恩义两尽也。'上深然之"。《雍正湖广通志》卷四八引《三楚文献录》："时刘基疏请加礼大臣，忤上意，〔詹〕同因取《戴记》及贾谊疏以进，上为默喻。"与《实录》所记有所不同。

洪武三年二月，朱元璋定朝服、公服之制，刘基以太史令的身份参与其事，会同省部官员参考历代旧制以定。四月，置弘文馆，命刘基等兼学士。给刘基的诰书称：

> 奉天承运皇帝圣旨。朕稽唐典，其弘文馆之设，报勋旧而崇文学。以旧言之，非勋著于国家，犹未至此；以儒者言之，非才德俱优，安得而崇？尔资善大夫、御史中丞刘基，朕亲临浙右之初，尔基慕义，及朕归京师，即亲来赴。当是时，括苍之民尚未深信，尔老卿一至，山越清宁。节次随朕征行，每于闲暇，数以孔子之言开导我心，故颇知古意。及将临敌境，尔乃昼夜仰观乾象，慎候风云，使三军避凶趋吉，数有贞利。於戏！苍颜皓首之年，当抚儿女于家门，何方寸之过赤，眷恋不舍，与朕同游。

后老甚而归，朕何时而忘也？可御史中丞兼弘文馆学士，散官如前，宜令刘基准此。①

这次弘文馆之设，《实录》卷五一有简略记载：

> （四月）庚辰，置弘文馆，以胡铉为学士，命刘基、危素、王本中、睢稼皆兼学士。

学士中有危素而无宋濂，与诰书中所谓"报勋旧而崇文学"的标准不合，令人费解。诰书说刘基"后老甚而归"，应是指洪武元年刘基被打发还乡事，也非实话。不过，弘文馆学士虽无实事，却有荣誉，也算是个褒奖；论文学，论勋旧，刘基均当之无愧。

可是，从六月十五日起，刘基陷入新的困境，从根本上动摇了他在朝中的地位。这年四月末，元顺帝妥欢贴睦尔病死于应昌（今内蒙古克什克腾旗西北）。五月十六日，李文忠率明兵克应昌，逐走元嗣主爱猷识里达腊。六月，捷报传至应天。《太祖实录》卷五三记：

---

① 《文集》卷一。

（三年六月）壬申（十五日），左副将军李文忠捷奏至。时百官奏事奉天门，闻元主殂，遂相率拜贺。上曰："元主守位三十余年，荒淫自恣，遂至于此。"因谓治书侍御史刘炳曰："尔本元臣，今日之捷，尔不当贺也。"因命礼部榜示：凡北方捷至，尝仕元者不许称贺。

这一下子就把曾经仕元的朝臣置于尴尬的境地，其中当然包括刘基。谈迁注意到这件事对刘基的影响，在《国榷》中指出：

命故元臣毋贺，于以砥节，至严也。诸君子舍彼介鳞，依光日月，方濯磨自效，而竟以首阳风之，不扪心自愧乎？总管府判刘基、翰林国史院编修宋濂，俱食元禄，为开国第一流，当日何以处之？或所榜专大都降臣耶？然官不论崇卑，以一命而讳之，恐贤者不自匿也。①

谈迁的话颇有见地，虽然朱元璋对朝中任用的元故官还没有要求他们像不食周粟的殷人伯夷、叔齐那样饿死于首阳山，但要让他们扪心自愧是确实的。但谈迁把宋濂与刘基并提，是不对

① 《国榷》卷四。

的。宋濂在至正九年虽有翰林国史院编修之命，实际未赴。洪武十年二月，他在《致政谢恩表》中称："臣本一介书生，粗读经史，在前朝时虽屡入科场，曾不能沾分寸之禄。"① 宋濂门人郑楷在为宋濂写的《行状》中说："至正己丑，用大臣荐擢先生将仕郎翰林国史院编修官。……先生以亲老不敢远违固辞。会世乱，益韬闭不事表显。"② 刘基也说过："至正中词林群公奏〔宋濂〕为国史编修，力辞不起。"③ 因此，宋濂不能置于"食元禄"之列。朱元璋也不那样看宋濂，否则就不会让他主持纂修《元史》了。刘基与宋濂不同，他虽然在元任职不高，却是在明廷任职最高的曾食元禄者。只要提出"仕元"问题，无论是否限指明兵攻克元都以后过来的降臣，朝中的人都会把视线射向刘基。一向心高气傲的刘基当然不会接受这样的目光。《实录》记载，过了五天，朱元璋与刘基有以下这番对话：

　　（六月）丁丑，颁平定沙漠诏于天下。诏曰："朕本农家，乐生于有元之世。庚申之君荒淫昏弱，纪纲大败，由

---

① 《宋文宪公全集》卷二一。
② 《宋文宪公全集》卷首二。
③ 《文集》卷一四《宋景濂学士文集序》。

是豪杰并起，海内瓜分，虽元兵四出，无救于乱，此天意也。然倡乱之徒首祸天下，谋夺土疆，欲为王伯，观其所行，不合于礼，故皆灭亡，亦天意也。"……是日，百官上表贺，上谕之曰："卿等试言元之所以亡与朕之所以兴。"刘基进曰："自古夷狄未有能制中国者，而元以胡人入主华夏几百年，腥膻之俗，天实厌之，又况末主荒淫无度，政令堕坏，民困于贪残，乌得而不亡。陛下应天顺人，神武不杀，救民于水火，所向无敌，安得而不兴。"上曰："当元之季，君宴安于上，臣跋扈于下，国用不经，征敛日促，水旱灾荒，频年不绝，天怒人怨，盗贼蜂起，群雄角逐，窃据州郡。朕不得已，起兵欲图自全，及兵力日盛，乃东征西讨，削除渠魁，开拓疆宇。当是时，天下已非元氏有矣。向使元君克畏天命，不自逸豫，其臣各尽乃职，罔敢骄横，天下豪杰曷得乘隙而起？朕取天下于群雄之手，不在元氏之手。"

这次对话由讨论元亡明兴的原因开始，却以朱元璋宣布自己取天下"不在元氏之手"结束，看起来很奇怪，但如联系五天前朱元璋提出的"仕元"问题来看，就完全合乎逻辑了。"仕元"问题的实质是忠君，刘基作为一个曾经仕元的儒者，自然感到这个问题的尖锐，他能找到的最好的自卫武器就是华夷之辨了。华夷之辨既是正统的儒家思想，也是十多年来朱元璋在反元战争中屡屡呼叫、行之有效的口号。刘基以为，强调华夷之辨既可以为自己以及同类的仕元者摆脱"不忠"之名，也理应为造反派朱元璋接受。但是，这一回他错了，他忽略了形势的变化。由于北伐成功，顺帝已亡，天下将定，朱元璋现在最需要的不再是强调华夷之辨（虽然不时还提起），而是提倡忠君。既然要提倡忠君，对朝臣中过去曾经仕元者不能不有所指摘。但是，忠君不只是"臣"的义务，扩而大之，也是"民"的义务，"臣"固当忠，"民"就能反？顺着这个逻辑，朱元璋当初起来造反岂不也成了问题。朱元璋不能戴着造反派帽子当皇帝，他要摘掉这顶帽子，必须为自己终成帝业找个说法，光靠强调华夷之辨是不够的，所以他在当天发布的诏书中称自己是"乐生于有元之世"，随即对朝臣说"朕取天下于群雄之手，不在元氏之手"。朱元璋和刘基都在替自己解脱，很难说谁比谁更有理。他们都是有意的健忘者。刘基忘了自己曾经仕元二十余年，还梦想要中兴元室，难道那时他不知道有华夷之辨？朱元璋忘了他父母长兄死后几无葬身之地，忘了自己投身"大宋"红巾军的经过，十多年内主要是同元作战，怎么是"乐生于有元之世"？怎么是取天下"不在元氏之手"？但是，切勿把他们的话完全看作个人谎言，这些话所反映的观念深深扎根于当时的社会生活，处在他们的地位很难不这样讲。

这次君臣对话，自然是朱元璋说了算；他是皇帝，谁敢对他的开国之举说三道四。朱元璋话音刚落，史官们就遵旨办理，在七月间完成的《元史》中写进了"自红巾妖寇倡乱之后，南北郡县多陷没，故大明从而取之"① 一段话。洪武七年，《大明日历》修成，宋濂作序说：

> 元季绎骚，奋起于民间以图自全，初无黄屋左纛之念，继悯生民涂炭，始取土地群雄之手而安辑之。较之于古，如汉高帝，其得国之正二也。②

朱元璋得国正了，但像刘基这样曾经仕元的臣下却正不起来。刘基背元的行为本遭一部分人议论，在朱元璋提出"仕元"问题以后自然更受攻击。从正统的儒家观点看，刘基的行为是不能谅解的，是绝对影响人格的。我们在明初和明中叶都能看到对刘基的攻击。例如，与刘基在元同年举进士的茶陵人

---

① 《元史》卷四四《顺帝纪》。

② 《宋文宪公全集》卷一二《大明日历序》。

李祁，在为余阙（字廷心，也是元统元年进士，至正十八年守安庆，陈友谅来攻，城破，自刎死）文集写的序中说：

> 或者以为廷心之死乃天之将丧斯文，余以为廷心虽死
> 而斯文固未丧也。廷心之孤忠大节足以照映千古，烨然斯
> 文之光，而何丧之有焉。使皆为世之贪生畏死，甘就屈
> 辱，而犹靦然以面目视人者，则斯文之丧扫地尽矣，岂非
> 廷心之罪人哉！①

李祁比刘基大十多岁，在元统元年进士榜上列第一甲第二名，授应奉翰林文字、同知制诰兼国史院编修官。他的政治立场十分保守，入明后自称"不二心老人"，作文记事不用洪武年号。他的话虽非专指刘基而言，但肯定包含了刘基。成化（1465—1487）年间江西人、礼部左侍郎刘定之（1409—1469）为其乡前辈王礼（1314—1386，字子让，在元官至广东宣慰使司都元帅府照磨，有《麟原文集》传世）的文集作序，先表彰王礼与李祁入明后"皆以弗仕为心"，接着把王礼后期的诗文与刘基的作一对比，攻击刘基说：

---

① 《云阳李先生文集》卷三《青阳先生文集序》。

有与子让同出科目，佐舒穆噜（石抹）主帅定吴越，幕府唱和，其气亦有掣碧海弋苍旻之奇。后攀附龙凤，自拟留文成，然有作嘻喑郁伊，扪舌骍颜，曩昔气澌泯无余矣。①

刘定之既批评了刘基后期的诗作，又贬损了刘基的人格。

从今天的角度看，刘基在庚子年的转变是弃暗投明之举，是值得称赞的。但研究者应当看到明代还有李祁、王礼、刘定之这样的人，应当看到他们的观点有一定的社会基础，持这种观点的人必定朝野都有，而且这种人未必是站在元的立场。只有这样，才能全面了解刘基晚年的处境，才不至于把刘基入明后的沉浮简单地归因于朱元璋的帝王权术或胡惟庸等人的阴谋陷害。

自从提出"仕元"问题，刘基的御史中丞一职便不好再当了。七月下的《弘文馆学士诰》还说刘基"可御史中丞兼弘文馆学士"，八月宋濂写《庚戌京畿乡闱纪序》，已称刘基为"前御史中丞"。② 可见，刘基在七八月间再次被免去御史中丞。

---

① 《麟原前集·原序》。
② 《宋文宪公全集》卷一。

　　由于朱元璋尚要用人，真正受"仕元"问题冲击的人不多，危素是首当其冲的一个。危素（1303—1372）是江西临川人，字太朴，治经术，有文名。至正二十一至二十四年，任元中书省参知政事。二十五年，出为岭北等处行中书省左丞，不久弃官居房山，三年未仕。二十八年（洪武元年）闰七月，元顺帝北奔，淮王帖木儿不花监国，用危素为翰林学士承旨。八月，明兵入大都，危素出降，保护了元代历朝实录。洪武二年正月，应召至应天，朱元璋授以翰林侍讲学士、中顺大夫、知制诰同修国史。次年，兼弘文馆学士。朱元璋还命他撰《皇陵碑》文，可说是相当礼遇。但危素终究逃脱不了"仕元"问题的冲击，就在当年冬天，危素遭监察御史王著等弹劾，理由是"亡国之臣，不宜用"。朱元璋羞辱危素，把他发往和州（今安徽和县）守余阙庙，逾年素卒。危素在元末文坛被尊为领袖人物，官位又高，人称危大参。他参与了《宋史》的修撰，为官有政声。本书前已指出，危素是认识到元末社会的根本矛盾是"富者愈富，贫者愈贫"的一人。像危素这样的人过来，对朱元璋应该是有用的，朱元璋也曾向他"访以元兴亡之故"，[1] 转眼之间，为了向臣下不能忠君到底者示警，就让危素蒙羞而

----

　　① 《宋文宪公全集》卷二七《危公新墓碑铭》。

死。危素的下场，足以使曾经仕元的朝臣心寒。那时有不少人同情危素。危素死后，苏州才子高启有诗《哭临川公》："身用时已危，衰残况病欺。竟成黄犬叹，莫遂白鸥期。东阁图书散，西园草露垂。无因奠江上，应负十年知。"① 洪武八年（这年刘基病故）徐一夔撰《跋危内翰所撰炬法师塔铭后》，盛赞危素"辞翰两绝"。② 最突出的是宋濂，他在洪武十年为危素撰《新墓碑铭》，对危素的人品、政绩、才情推崇备至。③

与危素相比，刘基毕竟过来得早，功劳又大，除了免去在朝官职，没有受到更多冲击，而且在数月之后他还获赐诚意伯爵位。

洪武三年十一月，朱元璋大封功臣勋爵，《实录》卷五八详细列出受封者的姓名。爵位最高的是李善长、徐达、常遇春、李文忠、冯胜、邓愈，六人俱封公。封侯者二十八人，以汤和为首。公、侯都有食禄，并令子孙世袭。公侯中文官仅李善长一人，食禄四千石。封伯者二人，即汪广洋、刘基，都是文官，但两人的食禄多寡有别，汪广洋高于刘基。两人皆赐诰命。给汪广洋的诰书原文今已不传，但《实录》有如下摘要：

① 《高太史大全集》卷一二。
② 《始丰稿》卷六。
③ 《宋文宪公全集》卷二七。

朕观往古俊杰之士能识真主于草昧之初，效劳于多艰之际，终成功业，可谓贤知者也。汉之张子房、诸葛亮独能当之。朕提师渡江，入姑孰，中书右丞汪广洋同诸儒来谒，就职从征，专繁治剧，屡献忠谋，驱驰多难，先见之哲，可方古人。今天下已定，尔应爵封，特加尔开国翊运守正文臣、资善大夫、护军、中书右丞、忠勤伯，食禄三百六十石。

给刘基的诰书原文见于《文集》：

奉天承运皇帝制曰：咨尔前资善大夫、御史中丞、兼太子赞善大夫刘基。朕观往古俊杰之士，能识主于未发之先，愿效劳于多难之际，终于成功，可谓贤智者也，如诸葛亮、王猛独能当之。朕提师江左，兵至括苍，尔基挺身来谒于金陵，归谓人曰："天星数验，真可附也，愿委身事之。"于是乡里顺化。基累从征伐，睹列曜垂象，每言有准，多效劳力，人称忠洁，朕资广闻。今天下已定，尔应有封爵，特加尔为开国翊运守正文臣、资善大夫、护军、诚意伯，食禄二百四十石，以给终身，子孙不世袭。於戏！尔能识朕于初年，秉心坚贞，怀才助朕，屡献忠

谋，驱驰多难，其先见之明，比之古人，不过如此。尚其
敷尔勤劳忠志，训尔子孙，以光永世。宜令刘基准比。洪
武三年十一月。

我把朱元璋给汪广洋、刘基的诰书都引出来，因为往下将对
汪、刘二人诰命作些比较。

爵位给刘基带来了荣誉，但不能替代职事，故而刘基不能
再置身朝廷，一进洪武四年就被赐归青田。二月初四日刘基到
家，随即写了《谢恩表》。本书前面引用过《谢恩表》的部分
文字，是讲刘基不愿被后世视同术士，但他对危素被贬之后自
己还能带爵归里则是颇为庆幸并由衷感恩。《谢恩表》称：

伏以出草莱而遇真主，受荣宠而归故乡，此人人之所
愿欲而不可得者也（中谢）。钦惟皇帝陛下以圣神文武之
姿，提一旅之众，龙兴淮甸，扫除群雄。不数年间，遂定
中原，奄有四海。神谟庙断，悉出圣衷。舜禹以来，未之
有也。……圣德广大，不遗葑菲。远法唐虞功疑惟重之
典，锡臣以封爵，赐臣以禄食，俾臣回还故乡，受荣宠以
终其天年。臣窃自揆，何修而膺此，犬马微忱，惟增愧
惧。已于洪武四年二月初四日到家，谨遣长男臣琏捧表诣

阙，拜谢圣恩。臣基无任激切屏营之至，谨奉表称谢，
以闻。

前面我说刘基入明后三次被打发回乡，把洪武四年这次列为第
二次，是因为后来又有第三次的缘故。如果没有后来的第三
次，这第二次本不该叫做"打发"，因为这次确确实实是荣归
故里。

趁着讲刘基归里，我想回溯一个先前应述未述的问题：朱
元璋是否曾经有意拜刘基为相？

问题是由《行状》的两段叙述引起的。第一段作：

张士诚平后，张昶欲乱政，乃使人上书，称颂功德，
劝上宜及时为娱乐。上以示公，公曰："是欲为赵高也。"
上颔之。昶色动，知公得其情也，乃使齐翼岩等伺察公阴
事，欲陷之，未及发而昶先事受诛。……上适以事责丞相
李善长，宪使凌悦因弹之。公为上言："李公旧勋，且能
辑和诸将。"上曰："是数欲害汝，汝乃为之地耶！汝之忠
勋，足以任此。"公叩头曰："是如易柱，必须得大木然后
可；若束小木为之，将速颠覆。以天下之广，宜求大才胜
彼者，如臣驽钝，尤不可尔。"上怒遂解。

第二段为：

> 上欲相杨宪，公与宪素厚，以为不可。上怪之，公曰：“宪有相才，无相器。夫宰相者，持心如水，以义理为权衡，而己无与焉者也。今宪不然，能无败乎?”上曰："汪广洋何如?"公曰："此褊浅，观其人可知。"曰："胡惟庸何如?"公曰："此小犊，将偾辕而破犁矣。"上曰"吾之相无逾于先生。"公曰："臣非不知，但臣疾恶太深，又不耐繁剧，为之且孤大恩。天下何患无才?愿明主悉心求之。如目前诸人，臣诚未见其可也。"

> 三年七月，授弘文馆学士。十一月，进封诚意伯。四年正月，赐老归乡里。

上文第一段讲的是吴元年的事。张昶被杀在这年六月。七月，"相国李善长等劝上即帝位"，朱元璋口头上答以"无庸汲汲"①，实际上整个下半年都在为开国登基做准备。那时李善长极受信任，朱元璋怎么会想找人替换他呢? 刘辰《国初事迹》记："杨宪、凌说（悦）、高见贤、夏煜尝言李善长无宰相材，

---

① 《实录》卷二四。

太祖曰：'善长虽无相材，与我同里，我自起兵，事我涉历艰险，勤劳簿书，功亦多矣。我既为君，善长当为相，盖用勋旧也。今后弗言。"刘辰所记无疑比《行状》说的可信。吴元年朱元璋不可能想撤换李善长，自然也不会想以刘基为相。

《行状》第二段的记事没有准确年份，从上下文看，可能是说洪武二年的事。但胡惟庸洪武三年方拜中书省参知政事（从二品），此前为太常寺卿（正三品），[①] 朱元璋不大可能考虑把一个太常寺卿一下子提为中书丞相。而且，《实录》卷一二八《汪广洋传》称："三年，丞相李善长病，上以中书无官，召广洋为左丞。时杨宪以山西参政先被召入为右丞。"由此看来，朱元璋考虑在杨宪、汪广洋、胡惟庸三人中选拔中书丞相，更有可能是在洪武三年上半年，当时三人均在中书。但是，无论是二年还是三年，朱元璋都只可能向刘基征询对杨、汪、胡三人能否任相的意见，而不可能属意刘基本人。原因很简单，刘基曾经仕元。"仕元"问题虽然到洪武三年六月才公开提出，但在朱元璋思想里肯定已经酝酿多时。《实录》卷二六记，吴元年十月辛亥朱元璋敕礼官曰：

---

① 《明史》卷三〇八《胡惟庸传》。

自古忠臣义士舍生取义，身殁而名存，有以垂训于天下后世。若元右丞余阙守安庆，屹然当南北之冲，援绝力穷，举家皆死，节义凛然。又如江州总管李黼，身守孤城，力抗强敌，临难死义，与阙同辙。自昔忠臣义士必见褒崇于后代，盖以励风教也。宜令有司建祠肖像，岁时祠之。

褒崇忠臣与指摘不能尽忠的臣子是同一回事的两个不同方面，朱元璋不会没有这种联想；他可以用曾经仕元的人，但不会把仕元者提到宰辅地位。朱元璋想必也知道，余阙、李黼与刘基均为元朝进士，余阙还与刘基同年。

"仕元"问题是刘基的包袱，也是《行状》作者下笔的障碍。通过考证，我们知道刘基因"仕元"问题的提出，于洪武三年七八月间再次被免去御史中丞。可是《行状》对此讳莫如深，只字不提。

受《行状》影响，本书附录的另三篇刘基传记也都没有讲此事。如果不加考证，我们会以为刘基的御史中丞是在四年正月赐归田里时自然免去的。

刘基返乡住了两年半，时常派长子刘琏赴京朝见朱元璋。琏字孟藻，在刘基去世两年后任江西等处承宣布政司右参政，洪武十二年六月三十日卒于任上。十三年，刘琏好友吴从善为琏写哀辞，其序称：

> 及中丞之请老而归也，天子念其勋伐，欲数得问劳，孟藻以一介行李往来于京者不惮六七。至则燕见于上，类家人父子，俯伏陈对，详简中宜。上尝字中丞言曰："伯温有子，足以翊赞春宫矣。"①

刘基虽然居家，对朝廷大事也常表示关心。洪武四年七月，明灭大夏，刘基撰《平西蜀颂》，序文说：

> 臣基受恩深厚，无能补报，遥闻捷音，欢喜踊跃，不能自已。谨撰《平西蜀颂》一首，虽不足以赞扬圣德万一，亦聊以寓葵藿向日之忱云尔。②

据苏伯衡说，这篇《平西蜀颂》由刘琏送至京城，进献朱元璋。朱元璋阅后大喜，自制《平西蜀文》一篇，交刘琏带给刘基，要

---

① 《文集》卷一《翊运录》。
② 《文集》卷一。

刘基"再作《平蜀颂》一章，为傅将军、廖将军（傅友德、廖永忠）千万年不朽之功"。朱元璋称赞刘基说："有臣在南，家居括苍。生而能文，举笔何难？谓我采择，黼之班班。"①

这年冬季，朱元璋还为天象变异给刘基下了手谕：

皇帝手书，付诚意伯刘基。

近西蜀悉平，称名者尽俘于京师。我之疆宇，比之中国前王所统之地不少也。奈何胡元以宽而失，朕收平中国，非猛不可。然歹人恶严法，喜宽容，谤骂国家，扇惑非非，莫能治。即今天象叠见，且天鸣已及八载，日中黑子又见三年。今秋天鸣震动，日中黑子或二或三或一，日日有之，更不知灾祸自何年月日至。卿山中或有深知历数者、知休咎者，与之共论，封来。前者舍人捧表至京，忙忘问卿安否。今差克期往卿住所，为天象事。卿年高家处，万峰之中必有真乐。使者往而回，勿赉以物，蔡（茶）饭发还。②

---

① 苏伯衡《故参政刘公墓碑铭》、朱元璋《平西蜀文》，均见《文集》卷一《翊运录》。
② 《文集》卷一《翊运录》。

查《明史》卷二七《天文志三》，洪武二、三、四年的确日中屡见黑子。虽然刘基已致仕家居，不想再当术士，但对朱元璋手书来问必定是要作答的。据《行状》，刘基的回答"大意以为霜雪之后必有阳春，今国威已立，自宜少济以宽"。

今人讲刘基此次还乡，有的还引了一首据称是朱元璋作的《赠刘伯温》诗：

> 妙策良才建朕都，亡吴灭汉显英谟。不居凤阁调金鼎，却入云山炼玉炉。事业堪同商四老，功劳卑贱管夷吾。先生此去归何处，朝入青山暮泛湖。

引者以为此诗对刘基评价很高，今人编的朱元璋诗文集也多收此诗。但此诗无疑是赝品，别的不说，单问这"商四老"是谁，刘基与他们有何共同之处，便可判断诗的真伪。刘基追随朱元璋十余年，官至正二品，带着爵禄荣归故里，朱元璋焉能把他比做入汉不仕的秦朝遗民商山四皓，除非存心要挖苦他。此诗，早出的几种《御制文集》是没有的，明中叶以后才被"续增"进去。

刘基在家乡自然是韬光隐晦，遵循那个时代致仕官员的准则，避免同地方官吏接触。《明史·刘基传》引了这样一则故事：

〔基〕至是还隐山中，惟饮酒弈棋，口不言功。邑令求见不得，微服为野人谒基。基方濯足，令从子引入茅舍，炊黍饭令。令告曰："某青田知县也。"基惊起称民，谢去，终不复见。

朱元璋生性多疑，好侦察大臣行迹，今人说的明代特务政治实际上在洪武前期已在形成中，故而官员致仕乡居仍小心翼翼。洪武十年（1377）宋濂与其同郡人吴德基同致仕，宋濂问吴德基："天子官汝五品秩，乞骸骨归，恩甚大，汝知保之之道乎？"吴德基表示愿听指教。宋濂说："慎毋出户，绝世吏，勿与交。吾之教子，无以加于此矣。"宋濂教给吴德基的，也就是刘基做的。但是，刘基到底还是出事了，迫使他在洪武六年七月离家赴京。事情的缘起见苏伯衡《故参政刘公墓碑铭》：

初，诚意伯请于上曰："瓯闽之交有地曰谈洋，僻绝而岩险，戍卒逋逃渊薮也，愚民往往蚁聚为奸利。树巡检其地，庶几人知顾忌。"可其请。执政胡惟庸当国，以不关白，恨甚。及具封事言郡县豪猾吏，孟藻上之，又不先通执政，执政愈益恨。适有旨逮豪猾吏，乃诪使诬诚意伯以非法，而刑部尚书吴云等承执政风旨，议坐孟藻。赖上察其父子深，故免。①

此事，前引吴从善《故参政刘君孟藻哀辞序》也讲了，大意与苏撰碑文同，但言明事在"洪武六年也，七年中丞复朝京师，孟藻实从之"。《行状》述此事比吴从善、苏伯衡都详细：

> 初，公言于上："瓯括间有隙地曰谈洋，及抵福建界曰三魁，元末顽民负贩私盐，因挟方寇以致乱累年，民受其害，遗俗犹未革，宜设巡检司守之。"上从之。及设司，顽民以其地系私产，且属温州界，抗拒不服。适茗洋逃军周广三反，温、处旧吏持府县事，匿不以闻，公令长子琏赴京奏其事，径诣上前而不先白中书省。时胡惟庸为左丞，掌省事，因挟旧怨欲构陷公，乃使刑部尚书吴云讻老吏讦公。乃谋以公欲求谈洋为墓地，民弗与，则建立司之策，以逐其家，庶几可动上听，遂为成案以奏。赖上素知公，置不问。省部又欲逮公长子狱，上时已敕琏归，及奏，上曰："既归矣，免之。"公入朝，惟引咎自责而已。

① 《文集》卷一。

苏伯衡、吴从善与《行状》的叙述都有含糊不准确的地方。谈洋设巡检司，应是洪武四年刘基致仕前建议的，他绕过了中书省臣（未必是胡惟庸，那时胡的地位还不够高），因而使省臣"不悦"。其后刘琏奉刘基命入京奏事，又绕过省臣，故而省臣以计中刘基，这些大概是事实。但是，朱元璋如何处置刘基呢？苏伯衡不提。吴从善不直接说，只讲"赖天子明圣，孟藻得无随坐"，这说明刘基是坐罪的。《行状》先说"赖上素知公，置不问"，接着却说"省部又欲逮公长子狱"，这就把"置不问"三字打了折扣。事实是刘基不得不入朝"引咎自责"。而且我们从洪武八年三月朱元璋给刘基下的《归老青田诏书》①知道，朱元璋虽未夺刘基诚意伯之爵，却夺了诚意伯的禄（详见下章）。

　　洪武七年刘基写《送宋仲珩还金华序》②，自言"去年秋七月，予自家重赴京"，故知刘基入朝是在六年七月，不是吴从善说的七年。入朝后刘基未做任何辩解，确如《行状》所说"惟引咎自责而已"，《归老青田诏书》也证实了这一点。可是朱元璋在刘基入朝次月还是借故羞辱了他一顿。《实录》卷八

---

　　① 《文集》卷一。
　　② 《文集》卷一五。

四记：

> （八月）丁丑，遣御史大夫陈宁释奠于先师孔子。时
> 丞相胡惟庸、诚意伯刘基、参政冯冕等不陪祭而受胙，上
> 闻之曰："基等学圣人之道而不陪祀，使勿学者何以劝？
> 既不预祭而享其胙，于礼可乎？其武人不知理道者皆不足
> 责。"命停基、冕俸各一月。宁坐不举，亦停俸半月。自
> 是不预祭不颁胙。

受胙不受胙本来是件小事，朱元璋分明是小题大做，而且罚不
及胡惟庸，这是故意让刘基难堪，刘基唯有逆来顺受。此后年
余，刘基有家不能归，在朝无职事，只是以诚意伯空名随朝陪
侍，有时接一些临时任务或写些无关大局的官样文章。洪武六
年，他受诏与翰林修撰孔克表、秦府纪善林温合纂《群经类
要》，"取诸经要言，析为若干类，以恒言释之，使人皆得通其
说而尽圣贤之旨意"。① 这年冬天，他为京城天降甘露献诗朝
廷。② 朱元璋高兴时也召他与宋濂、詹同等人陪宴。③ 宋濂等

---

① 《宋文宪公全集》卷三二《恭题御制论语解二章后》。
② 《文集》卷一《甘露颂》。
③ 《宋文宪公全集》卷九《恭题御和诗后》。

撰《洪武正韵》，也曾"质正"于他。① 但是，刘基内心的苦闷是不消说的。他的健康状况日益下降，自称"予须发已白过太半，齿落十三四，左手顽不掉，耳聩，足蹑跙不能趋。"② 但他不忘与一些友人应酬，为的是可以饮酒赋诗，聊以解愁。我们已经引了他送宋濂次子宋璲（字仲珩）还乡的文章。据宋濂记述，洪武七年十一月赞礼郎黄渊静奉旨祀闽省山川百神，刘基赋诗以赠；③ 叶琛之弟景龙之官通州，也是刘基"为率朝署簪缨之贤及山林华藻之士……赋诗饯之"。④ 此时的刘基至多只能扮演文坛首领的角色。洪武八年元旦，他写了一首《乙卯岁首早朝奉天殿，柬翰林大本堂诸友》，尾联是"从臣才俊俱杨马，白首无能愧老身"。⑤ 刘基自知，他在政治上再也不能有何作为了。不久，患病。正月末，朱元璋知刘基病重，赐归田里。四月十六日，病死于家。

刘基入明后在世不足七年半，元年解职三月，三年八月职务全解，实际有职不足两年半。

---

① 《宋文宪公全集》卷一二《洪武正韵序》。

② 《送宋仲珩还金华诗序》。

③ 《宋文宪公全集》卷一二《送黄赞礼莅祀闽省诗序》。刘基诗见《文集》卷一六《送黄生莅祀福建》。

④ 《宋文宪公全集》卷一六《送叶别乘之官通州诗序》。

⑤ 《文集》卷一六。

九 死 因

刘基死因，至今众说纷纭，归纳起来，不外三说：一说被胡惟庸毒死；二说朱元璋利用胡惟庸将刘基毒死；三说正常死亡，即病死。第一说可以引述的史料最多，《行状》、《实录》、刘璟《遇恩录》、《神道碑》、《明史·刘基传》等等都是，因而相信的人最多。第二说以为胡惟庸后面必有主使人，此人非朱元璋莫属；这个说法没有直接的材料根据，全凭推理。第三说以为朱元璋、胡惟庸都没有毒死刘基的必要，刘基身体愈来愈差是明摆着的事实，应属病故。历史上这类公案最难说得清楚，所以三说可能永远会并存下去。尽管如此，我仍愿讲一讲自己的判断。先请读者看一段过去不大受人重视的记载：

> 洪武八年岁次乙卯春三月壬辰，皇帝御乾清宫，召臣至，问前御史中丞刘基何日成行，臣以翌日对。继问病势不革否，还可自力至家否，臣复具以闻。时基有霜露之

疾，上悯其为开国旧勋，特降手敕，令起居注郭传宣示
之，俾还山以便侍养，然圣衷犹念之弗置，于是延臣扣其
详。语毕，上步出宫门，臣从后。至丹墀，上忽顾内史张
渊曰："汝往取新刊文集一部，赐学士宋濂。"臣谨叩头
谢。渊引臣至典礼纪察司，与司副李彬言，纪臣氏名于
籍，始颁受焉。盖文集系御制，凡三秩，入梓虽讫，尚秘
藏禁中。当时受赐者唯太师李韩公善长、中书右丞相胡惟
庸与臣为三人，故内臣致谨之如是也。

这段文字见《宋文宪公全集》卷一七《恭题御赐文集后》。在
《金华丛书》本《宋学士全集》中，文末尚有"是月三日癸巳
午时具官臣宋濂盥手谨记"十七字。查洪武八年三月无壬辰、
癸巳日，此壬辰当为二月二日，癸巳为二月三日。此错想是后
人抄刻所致。宋濂此文告诉我们几件事：第一，刘基计划离京
南归的日子是二月三日，下距他去世（四月十六日）七十三
天；第二，此前朱元璋降手敕让刘基回乡养病，是许多人都知
道的事；第三，朱元璋关心刘基病情，特召宋濂来问；第四，
宋濂认为刘基是患"霜露之疾"（大概就是我们今天说的感冒
吧）。宋濂是刘基好友，刘基病中他必定去看望过，故而了解
病情，也知道刘基准备启程的日子。当然，我们还从宋濂这里

知道，朱元璋文集印成，赐给了李善长、胡惟庸、宋濂，没有给刘基，这反映出朱、刘君臣关系的淡漠。

由郭传向刘基宣示的朱元璋手敕保存在《文集》中，题为《御赐归老青田诏书》。这份诏书四百多字，很值得一读：

> 朕闻古人有云：君子绝交，恶言不出；忠臣去国，不洁其名。尔刘基括苍之士，少有英名，海内闻之。及元末群雄鼎峙，熟辨真伪者谁？岁在戊戌，天下正当扰乱之秋，朕亲帅六军下双溪而有浙左，独尔括苍未附，惟知尔名耳。吾将谓白面书生，不识时务。不久而括苍附，朕已还京。何期仰观俯察，独断无疑，千里之余，兼程而至，谒朕陈情，百无不当。至如用征四方，摧坚抚顺，尔亦助焉。不数年间，天下一统。当定功行赏之时，朕不忘尔从未定之秋，是用加以显爵，特使垂名于千万年之不朽，敕归老于桑梓，以尽天年。
>
> 何期祸生于有隙，致使不安。若明以宪章，则轻重有不可恕；若论相从之始，则国有八议。故不夺其名而夺其禄，此国之大体也。然若愚蠢之徒，必不克己，将谓己是而国非。卿善为忠者，所以不辨而趋朝，一则释他人之余论，况亲君之心甚切，此可谓不洁其名者欤！恶言不出

者欤！

卿今年迈，居京数载，近闻老病日侵，不以筋力自
强，朕甚悯之。於戏！禽鸟生于丛木，翎翅干而飏去，恋
巢之情，时时而复顾。禽鸟如是，况人者乎！若商不亡于
道，官终老于家，世人之万幸也。今也老病未笃，可速往
括苍，共语儿孙，以尽考终之道，岂不君臣两尽者欤！

　　这篇诏书是朱元璋对自己与刘基君臣一场的总结，语气虽
冷，却还符合事实。诏书先引战国时乐毅报燕惠王书中的话，
指出为忠臣者宁可不洁己名也不议论君上的不是。接着用近百
字回顾了刘基过去的功劳，同时强调自己对刘基的恩赏，表示
直到谈洋事件之前，从未亏待过刘基。往下，诏书说到对谈洋
事件的处置：如按国法，则刘基罪不可恕；但按八议，① 则刘
基相从以来多有功勋；故而夺刘基诚意伯之禄而保留诚意伯之
名。这是说，我对你处置正确，宽严得当。再往下，诏书肯定
刘基入朝后不做任何辩解，做到了"不洁其名"，是"善为忠
者"，所以决定放刘基回家，以尽天年，使君臣两得。就事论

---

　　① 八议即议亲、议故、议贤、议能、议功、议贵、议勤、议宾。属八
议之列的人，有罪可以减免刑罚。

事，朱元璋的话也不算错；但以这样的语言说出，刘基读后能作何感想？

这篇诏书与上引宋濂的文章一样，对研究刘基的死因具有特殊价值。宋文好比证人提供的一份证词，它既证明刘基离京前并无异常症状，也证实了朱元璋对刘基健康状况并非全不关心。对朱元璋的诏书，不管我们怎样看待它的语言，都难否认其内容的真实。从宋文，看不到刘基有中毒的迹象；从诏书和刘基在京受的待遇，又看不出朱元璋对刘基有下毒的必要。在犯罪行为和犯罪动机都不能确定的情况下，怎么能确定朱元璋有使人毒死刘基之罪呢？只要不能确定刘基中毒，同样不能推断胡惟庸下毒。这里要特别注意宋濂说的刘基准备离京的时间，因为若是胡惟庸下毒，时间必在刘基离京之前，《行状》、《实录·刘基传》也讲胡惟庸下毒在正月。然而刘基到四月十六日才去世，如果真是中毒，如何尚能存活两个半月以上？胡惟庸下的是什么毒？看来需要把中毒说认真审查一遍。

刘基被胡惟庸毒死的说法是在洪武十二年末发生胡惟庸案时出现的。《实录》卷一二八《汪广洋传》记：

> 至是（十二年十二月）御史中丞涂节言，前诚意伯刘基遇毒死，广洋宜知状。上问广洋，广洋对以无是事。上

颇闻基方病时丞相胡惟庸挟医往候，因饮以毒药，乃责广洋欺罔，不能效忠为国，坐视废兴，遂贬居海南。舟次太平，复遣使敕之曰："丞相广洋从朕日久，前在军中屡问乃言，否则终日无所论，朕以相从之久，未忍督过。及居台省，又未尝献一谋画以匡国家，民之疾苦皆不能知。间命尔出使，有所相视，还而嗫不一语，事神治民，屡有厌怠。况数十年间在朕左右，未尝进一贤才。昔命尔佐文正治江西，文正为恶，既不匡正，及朕咨询，又曲为之讳。前与杨宪同在中书，宪谋不轨，尔知之不言。今者益务沉湎，多不事事。尔通经能文，非愚昧者，观尔之情浮沉观望，朕欲不言，恐不知者谓朕薄恩。特赐尔敕，尔其省之。"广洋得所赐书，益惭惧，遂自缢卒。

《实录》卷一二九续记：

（洪武十三年正月）甲午，御史中丞涂节告左丞相胡惟庸与御史大夫陈宁等谋反及前毒杀诚意伯刘基事，命廷臣审录，上时自临问之。初，自杨宪诛，惟庸总中书之政，以上信任之重也，专肆威福，生杀黜陟有不奏而行者。……诚意伯刘基亦尝为上言惟庸奸恣不可用，惟庸知

> 之，由是怨恨基。及基病，诏惟庸视之，惟庸挟医往，以
> 毒中之，基竟死，时八年正月也。上以基病久，不疑。

所谓胡惟庸毒死刘基一案，《实录》只有这样一点记载，从中可以看出，朱元璋根本拿不出证据。"颇闻"算什么证据呢？朱元璋不等审问胡惟庸就先问汪广洋，显然是向汪广洋打招呼，要汪配合。汪广洋答以"无是事"，他便给汪广洋扣上"不能效忠为国，坐视废兴"的大帽子，匆匆把汪贬往海南，然后历数汪的旧过，摆出算总账的样子，把汪逼下黄泉。如果朱元璋真有证据，他完全可以把汪广洋放到胡惟庸审完后就一并处理。匆匆逼死汪广洋是为了恐吓臣下就范，以便迅速处置胡惟庸。在朱元璋亲"自临问"下，十三年正月甲午日（二日）开审胡惟庸、陈宁，戊戌日（六日）就把胡惟庸、陈宁连同告发者涂节一块处决了。一个大案结得如此急促，说明案情真相是不能告人的。

胡惟庸案的实质是君权与相权的斗争。朱元璋杀胡惟庸次日便向文武百官宣布"朕欲革去中书省"，显露了他制造胡惟庸案的目的。这场斗争可以上溯到李善长任相末期。洪武三年十二月己巳日，儒士严礼等上书言治道，其中建议"不得隔越中书奏事"。严礼等不是无的放矢，朱元璋阅后对侍臣说：

> 夫元氏之有天下，固由世祖之雄武，而其亡也，由委
> 任权臣上下蒙蔽故也。今礼所言不得隔越中书奏事，此正
> 元之大弊，人君不能躬览庶政，故大臣得以专权自恣。今
> 创业之初，正当使人情通达于上，而犹欲效之，可乎？

朱元璋说这番话时刘基尚在朝，不知他听到后是怎样想的。看
他绕开中书省建言谈洋设巡检，其子入京奏事又不经过中书
省，在实际行动上是站在朱元璋一边的。明人多以忠、奸论刘
基与胡惟庸，今人容易沿袭旧评，殊不知封建时代的政治也有
一个体制问题。朱元璋追求绝对的君权，自以为吸取了元代后
期权臣迭出以至国亡的教训，所以总是不顾体制不择手段地行
事。刘基本人吃过朱元璋的苦头，却还不顾体制直接向朱元璋
建言谈洋设巡检等事，这样的做法实际上助长了朱元璋对绝对
权力的无限扩张，今天的历史学家是不应该给予赞扬的。

在嘉靖本和隆庆本的《诚意伯文集》中，有一篇非常特殊
的文字，题为《诚意伯次子阁门使刘仲璟遇恩录》，内容是洪
武二十年至二十四年朱元璋接见刘璟、胡深子胡伯机、章溢子
章允载、叶琛孙叶永道时的讲话，全用口语记录，其中有五次
讲到刘基。朱元璋说：

　　刘伯温他在这里时满朝都是党，只是他一个不从，他吃他每蛊了。他大的儿子这小的也利害，不从他，也吃他每害了。这起反臣都吃我废了，坟墓发掘了。（二十一年十二月二十五日）

　　这刘伯温是个好秀才，吃胡、陈蛊了。那胡家吃我杀得光光的了。（二十二年正月十八日）

　　刘伯温他父子两人都吃那歹臣每害了。我只道他老病，原来吃蛊了。（二十三年正月初四日）

　　刘伯温在这里时胡家结党，只是老子说不倒。你父兄做一世好人，都停停当当的了。你父亲吃胡家下了蛊药，哥也吃他害了。你老子虽然吃些苦么，你如今恰光荣。（二十三年六月初六日）

　　我到婺州时得了处州，他那里东边有方谷珍，南边有陈友谅，西边有张家，刘伯温那时挺身来随着我。他的天文别人看不着，他只把秀才的理来断，到强如那等。鄱阳湖里到处厮杀，他都有功。后来胡家结党，他吃他下了蛊。只见一日来和我说："上位，臣如今肚内一块硬结，怛谅着不好。"我着人送他回去家里死了。后来宣得他儿子来问，说道胀起来紧紧的，后来泻得鳖鳖的，却死了。这正是着了蛊。他大儿子在江西，也吃他药杀了。如今把

尔袭了老子爵，与他五百石俸。（二十三年十二月二十二日）

以上朱元璋五次讲话，只有末次讲到刘基病情。但是，病者腹中有硬块和积水并不能证明必是吃了毒药。从宣布胡惟庸毒死刘基到洪武二十三年这次讲话，时间过了十年，朱元璋仍旧拿不出像样的证据，只好靠自己反复宣讲。朱元璋是皇帝，胡惟庸案是他一手定的，胡惟庸毒死刘基的说法也是在他整治胡惟庸过程中搞出来的，但这终因证据不足而不断遭人怀疑。富有讽刺意味的是，后世有的同情刘基下场的人不以抓住胡惟庸为满足，还要捕捉其后台，以致把朱元璋定为毒死刘基的幕后主使者。上世纪七十年代台湾出版的刘基二十一世孙刘德隅编辑的《明刘伯温公生平事迹拾遗》也持此说。这大概是朱元璋本人想不到的，可谓自作自受。

现在我们来研读《行状》对刘基之死的叙述。如果按《行状》自署的撰写年月（洪武癸亥孟春），本应先研读《行状》，后研读《遇恩录》。但我认为《行状》实际上撰于建文初年，故而先研读《遇恩录》后研读《行状》。孰先孰后的差别涉及对《行状》部分内容的看法。《行状》说：

先是杨宪败后汪广洋为丞相，未几而贬广东，乃相惟庸。公乃大戚，尝谓人曰："使吾言不验，苍生之福也；言而验者，其如苍生何！"遂忧愤而旧疾愈增。洪武八年正月，胡丞相以医来视疾，饮其药二服，有物积腹中，如卷石。公遂白于上，上亦未之省也，自是疾遂笃。三月，上以公久不出，遣使问之，知其不能起也，特御制为文一通，遣使驰驿送公还乡里。居家一月而薨。

《行状》这段话包含好几年的事，需要排一下这些事发生的时间。根据《实录》，洪武三年七月杀杨宪，四年正月汪广洋为右丞相，六年正月贬汪广洋为广东参政，六年七月刘基因谈洋事入朝谢罪，同月胡惟庸为右丞相（此前为右丞），七年汪广洋为御史大夫，八年四月刘基病逝。拿着这份时间表来对读《行状》，首先让我产生一个疑问：刘基究竟根据什么对胡惟庸为相发出"使吾言不验，苍生之福也；言而验者，其如苍生何"这样的重话？即使按《行状》所述，洪武二年朱元璋向刘基征求对杨宪、汪广洋、胡惟庸三人谁堪任相时，刘基对胡惟庸的评论也不过是"此小犊，将偾辕而破犁矣"，意即胡惟庸才小不堪重任，怎么到了洪武六、七年间，胡惟庸任相问题就成了事关"苍生"的问题？试问一句，在刘基去世之前，甚至直到胡惟庸案爆发，胡惟庸做了哪些事是贻害"苍生"的？再有，《行状》说刘基"旧疾愈增"是因为愤胡惟庸为相，也是不可信的。胡惟庸为相与刘基到京同在一个月，下离刘基得病一年半，这一年半中刘基虽不任职，杂事还是做了不少，也能参加朝会，是怎样的"旧疾愈增"呢？谈洋事件也许是胡惟庸等诬陷所致，但在刘基入朝谢罪以后，在朱元璋夺了刘基诚意伯之禄以后，放不放刘基回乡还不是全在朱元璋一句话，岂是胡惟庸左右得了的？以刘基的聪明，怎么会看不出来？

所以说，刘基对胡惟庸为相便如何如何的说法是《行状》撰者编造的。说穿了，《行状》撰者无非是顺着朱元璋立的标杆往上爬：反正胡惟庸案已经结了，正可以编出一些重话放在刘基口中，以示刘基早有预见。反之，对今天我们研究这段历史的人来说，只要认清胡惟庸案是一场冤案，就不应相信刘基会有那样的预言。而且，我还认为，即便刘基真有那样的预言，在朱元璋在世的时候没有人敢那样写，因为那样写等于指摘朱元璋。

《行状》对刘基离京前病状的描述，与前引宋濂《恭题御赐文集后》和朱元璋的《御赐归老青田诏书》也是有出入的。宋濂说刘基得的是"霜露之疾"，《诏书》说刘基"老病未笃"，《行状》则说"病遂笃"、"不能起"。其所以有这样的差别，是因为《行状》写于胡惟庸案结案之后，它必须照着刘基中毒的样子去写。再有，《行状》与《遇恩录》都讲了刘基曾对朱元璋说过自己腹中有硬结，从表面上看，似乎两者互为印证；但是，如果我们能够证实《行状》撰于《遇恩录》以后，那就很难说是互为印证了，更大的可能是《行状》抄了《遇恩录》的说法。当然，这必须先证实《行状》的确撰于洪武年以后。还要注意的是，《行状》说刘基离京时间在三月，似乎证实了宋濂《恭题御赐文集后》讲的"乙卯春三月壬辰"的"三月"不差。但是三月的确没有壬辰、癸巳日，如果"三月"不误，误的便是壬辰、癸巳了。不过，刘基离京的时间无论在二月还是三月，对我们研究的问题均无影响。因为《行状》说刘基被毒在正月，去世在四月，还是承认刘基由被毒到去世活了七十多天的，问题仍然是胡惟庸下的什么毒能让刘基活了七十多天？

终其一生，刘基是个悲剧人物，他肯定是在苦闷抑郁中死去的。这反映在他的丧事料理上。

古人重丧事。在刘基那个时代，以刘基的伯爵身份，他的丧事理当办得比较隆重，建祠立碑是不可少的。然而，刘基的丧事办得非常简单。《行状》记刘基丧事只用了一句话："公之子琏、仲璟以是年六月某日葬公于其乡夏山之原，礼也。"《神道碑》更简略："是年六月葬于夏山之原。"八十年之后他的后人才给他建祠，再过百余年才立神道碑。与同时代人章溢、危素、宋濂的丧事相比，刘基的丧事可以说是简单到令人难以置信的程度。

章溢卒于洪武二年夏，是在为母守孝期间因病去世的，享年五十六。"讣闻，上甚悯悼，乃亲撰文，遣官即其家祭之。"其后章溢之子请宋濂写了长达五千字的《大明故资善大夫御史中丞兼太子赞善大夫章公神道碑铭》。①

危素卒于洪武五年正月，年七十。本书上章已经讲过，他在洪武三年冬遭劾"亡国之臣，不宜用"，被朱元璋贬往和州守余阙庙。危素去世后某年，其子将他的遗骸移葬金溪老家。因为担心危素的事迹日后不为人知，其子自写危素行状两万字，于洪武十年请宋濂为危素新墓撰写碑铭。宋濂怀念同危素的旧谊，不顾危素受朱元璋贬谪，写了《故翰林侍讲学士中顺大夫知制诰同修国史危公新墓碑铭》。碑文结尾称："惟公以渊深之学，精纯之文，尝都显要之地位，海内仰之如祥云景星，亦可谓有得于天矣。而逢时乱亡，不获大展以死，岂不可哀乎？虽然，观其所自著者，固足以不朽矣！"②

---

① 《宋文宪公全集》卷四。
② 《宋文宪公全集》卷二七。

再看宋濂。他是刘基好友，也是朱元璋看重的儒士，不幸因孙子宋慎涉胡惟庸案受牵连，谪徙茂州，洪武十四年五月二十日病逝于夔州（今四川奉节）。宋濂虽属有罪之身，他的丧事并不草率。门人郑楷当年十二月就给他写了行状，内称："十四年五月二十日，先生以疾卒于夔府，临殁端坐敛手而逝。当是时，夔之府守官吏皆来赙赠哭奠，葬先生于夔府之西莲花池山下。其经纪丧葬、刻石表墓者，则知事叶以从也。"①

章溢去世，朱元璋亲撰祭文。刘基去世，不见朱元璋有什么反应。虽然《实录·刘基传》说"上痛悼之，赙遗甚厚"，但这话分明是史官的弥缝之词，是靠不住的。如果朱元璋真有"痛悼"的表示，《行状》怎会不书？如果朱元璋真有"痛悼"的表示，而《行状》真是写于洪武十六年，它又怎敢不书？

危素、宋濂都是被贬谪的人，他们的后人、门生都想到给他们写行状、立墓碑，为什么刘琏和刘璟就想不到（即使《行状》自署年月不假，也是撰于刘基去世八年以后了）？难道刘琏、刘璟愿陷自身于不孝？而且那时可给刘基撰碑的人不少，宋濂是最合适的一个，为何刘琏兄弟不去找宋濂撰碑？

看来丧事从简、不建祠堂、不树丰碑，都是刘基本人的主

---

① 《宋文宪公全集》卷首二。

意。除此，我们找不到更合理的解释。

　　刘基从染病到去世，有将近三个月的时间供他回忆自己的一生。我们无法捕捉刘基的回忆，但我们可以简短地回顾他六十五年的真实经历，想想他能在自己的碑上刻写些什么。写仕元的经历么？到头来难免负为臣不忠的恶名。写建明的功绩么？他在入明第一年就已认识到"身世且未保，况敢言功勋"；十五年中享有官职不过五年，末了连诚意伯之禄都丢了。所以刘基临终前对自己的一生不想再说什么，而是遗命子孙勿再当官。①

---

　　①　张时彻《神道碑》。

十 《故诚意伯刘公行状》的撰写时间与作者

古人行状，或出于传主亲友故旧之手，或是传主亲友故旧邀人撰写，隐讳、溢美往往有之，不足为怪。但是，像《诚意伯刘公行状》这样谎言累累、任意编造故事的，实属罕见。究其原因，是刘基的经历过于曲折，他在入明以前的仕元背元、抗朱降朱，入明以后的几度沉浮，不作大幅度的缘饰，难以为人接受，更无以达到那个时代的贤人标准。所以《行状》作者为了让刘基名垂国史，不得不求助于谎言与神话。然而，《行状》的问题还不仅是叙事不实，连它署下的作者姓名（黄伯生）与撰写时间（洪武十六年）也是不可信的。细读《行状》，可以发现至少有两处文字绝不是洪武年间能够写下的。

一处是写洪武元年他人与刘基关于"杀运"的议论：

> 或言有杀运三十年，公慨然曰："使我任其责者，扫除弊俗，一二年后宽政可复也。"

对这段叙事可以提出三个疑问。第一，由洪武元年下推三十年是洪武三十一年，恰好是朱元璋去世这年，人世间当真有能够卜算未来的神算子吗？也许有人会说这是巧合，我们姑且承认有巧合的可能，但这样一来就产生了第二个疑问：刘基当时身为御史中丞，当别人预言"有杀运三十年"的时候，刘基能参与议论并说什么"使我任其责"这样的话吗？他要任什么责呢？难道他不知，若是真有"杀运"，操之者为谁，是他刘基能扭转的吗？第三，这是最重要的，就算刘基参与了关于"杀运"的议论，洪武十六年"杀运"未消，黄伯生何许人，竟敢在此时作如此记述？

第二处文字，是记刘基对韩林儿的攻击：

> 中书省设御座，将奉小明王，以正月朔旦行庆贺礼。公大怒，骂曰："彼牧竖尔，奉之何为！"遂不拜。适上召公，公遂陈天命所在，上大感悟，乃定征伐之计。

这段文字，《行状》置于龙江之役（至正二十年）与江州之役（至正二十一年）之间，显然指二十一年正旦。许重熙、钱谦益对此早予否定。许重熙说：

传(《行状》)谓基于庚子年见省中设小明王座,独怒不拜,曰"此牧竖耳,奉之何为",圣祖悟,乃定大计。然考圣祖自庚子至丙午,凡征讨封拜,必以龙凤纪年行之,奉其号而显斥其人,无是理也。①

钱谦益说:

黄伯生撰《诚意伯行状》云:"中书设御座,奉小明王以正月朔旦行庆贺礼。公骂曰:'彼牧竖耳,奉之何为?'遂不拜。"《实录》及本传皆不载此事。是时上方奉龙凤正朔,承制行事,文成不应孟浪若此。或云在癸卯克安丰之后,于事理为近。②

其实,即使在癸卯年(至正二十三年,龙凤九年)刘基也不会破口骂"牧竖",因为正如许重熙所说直到丙午年(至正二十六年,龙凤十二年)朱元璋仍奉龙凤正朔,自己称吴王,其讨张士诚檄文开端便称"皇帝圣旨,吴王令旨","皇帝"即韩林

---

① 《嘉靖注略》卷二。
② 《牧斋初学集》卷二○二。

儿。① 何况论出身朱元璋及其部将多为"牧竖",难道刘基甘冒
"指桑骂槐"之嫌?而且朱元璋迟迟不自立完全是种策略,是
他在龙凤三年听取朱升建议"高筑墙、广积粮、缓称王"的结
果,他自立的意图岂劳刘基来提醒。如按《行状》所述,刘基
的行为不只是孟浪,简直是可笑!但是,比此事的有无更加重
要的是,《行状》作者在洪武十六年断乎不敢写出这样一段故
事,因为朱元璋建明以后最忌别人提起他与韩林儿的君臣关
系。刘辰《国初事迹》记,镇江有块碑,因为刻着龙凤年号,
被朱元璋下令捶毁。故而洪武年间人们缄口不言朱韩关系。这
个禁区,到洪武二十九年(1396)才由朱元璋本人稍予放开。
这一年朱元璋十七子宁王权(1378—1448)承旨编成《通鉴博
论》,在至正二十六年条下写了"廖永忠沉韩林儿于瓜步,大
明恶永忠之不义,后赐死"一段话。当时朱权年方十九,这段
话应是奉旨写入。及至建文、永乐年间,言龙凤君臣事已不犯
忌,才出现了俞本《纪事录》和刘辰《国初事迹》这样的书。
所以说,《行状》写的朱元璋在中书省设韩林儿御座的事,只
能证明《行状》必非写于洪武年间。

　　除了以上两段记事,我们还看到,《行状》在表彰刘基的

---

① 祝允明《野记》。

时候明显地托出朱元璋的一些错误，如像凤阳建都，在洪武中期"杀运"正盛的时候恐怕是无人敢这样写的。

如果上面的推断能够成立，那么合乎逻辑的结论就是《行状》的撰述者并非黄伯生，因为黄伯生在洪武十八年已经去世了。

关于黄伯生，刘基之孙刘廌写有一篇《石楼文粹序》，简略介绍了其人生平。黄伯生是处州丽水人，名梦池，字伯生，号石楼子。他在洪武初讲学于丽水县学。洪武十年，辟举至京，授秦王（朱元璋次子朱樉）府纪善，随王至关中。后因事谪龙江监税，继而返回乡里。洪武十五年，刘廌始从黄伯生游。十六年黄伯生馆于富春家塾，同年授新昌尹，两年后卒于京。所著诗文有《石楼集》二十卷，又有《石楼丛纪》，今俱不传。刘廌对乃师诗文十分推崇，并引朱梦炎、宋濂评语为证。刘廌说："翰林承旨宋公濂称先生（黄伯生）之文议论醇正，法度森严，足以追配古人者，独吾知之，他人不知也。"① 贝琼在洪武十二年应黄伯生之请为其祖父黄许（字与可）写墓志铭，也称赞"梦池好学，工古文"。② 这篇《行状》叙事凌

---

① 《盘谷集》卷七。
② 《清江文集》卷三〇《黄南岫先生墓志铭》。

乱，议论也远离儒者的"醇正"，但我们不必管它。只要确认《行状》内容有非洪武间人能写的，其作者就不可能是黄伯生。

那么，《行状》究竟是何时何人所写？有两份材料可供我们研究。

一份是永乐二年（1404）王景为刘廌等编的《翊运录》写的序文。王景说：

> 诚意伯刘先生，……括苍之青田人。予忝之同郡，今年守职翰林，其孙廌等集其御书、诏、诰、行状、事实等文，名之曰《翊运录》，……请予序其首简。……永乐二年龙集甲申夏四月中澣翰林学士奉议大夫兼修国史同郡王景序。①

据此可知，《行状》全文是在永乐二年随《翊运录》的刊印而面世的。王景（1336—1408）是处州松阳（今浙江遂昌东南）人，故称与刘基同郡。

第二份材料是《太祖实录》卷九九末尾的《刘基传》。本书前面已经讲过此传脱胎于《行状》，但没有分析两者的异同，现在有必要举例说明。先看两者的同：

---

① 《文集》卷一。

《行状》	《实录·刘基传》
（一）尝游四湖，有异云起西北，光映湖水中。时鲁道原、宇文公谅诸同游者皆以为庆云，将分韵赋诗，公独纵饮不顾，乃大言曰："此天子气也，应在金陵，十年后有王者起其下，我当辅之。"时杭城犹全盛，诸老大骇，以为狂。	（一）尝与鲁渊、宇文公谅等游西湖，适有异云起西北，光照湖中。渊等以为庆云，将赋诗纪之。基独纵饮不顾，徐言曰："此天子气也，应在金陵，十年后当有王者起其下。"时杭城犹全盛，渊等大骇，以为狂。
（二）遂攻皖城，自昏达旦不拔，公以为宜径拔江州，上遂悉军西上，陈氏率其属走湖广，江州平。	（二）会攻皖城，自旦至昏不拔，基请径取江州，上悉军西上，友谅率众走湖广，江州降。
（三）时陈友谅据湖广，张士诚据浙西，皆未下。众以为苏、湖地肥饶，欲先取之。公曰"张士诚自守虏耳；陈友谅居上流，且名号不正，宜先伐之。陈氏既灭，取张氏如囊中物耳。"会陈氏复攻洪都，上	（三）是时张士诚据浙西，陈友谅据湖广，或谓苏湖地肥饶，又逼近金陵，当谋先取。基曰："友谅居上流，且名号不正，宜先伐之。陈氏既灭，张氏如探囊中物耳。"继而友谅复攻洪都，上亲征之，大战

遂伐陈氏，因大战于彭蠡湖，胜负未决。公密言于上，移军湖口，期以金木相犯日决胜，上皆从之，陈氏遂平。上还京，定计取张士诚，因定中原，拓土西北，公密谋居多。

（四）以公为太史令。一日，公见日中有黑子，奏曰："东南当失一大将。"时参军胡深伐福建，果败没。他日公见上，上方欲刑人，公曰："何为？"上语公以所梦，公曰："是众字头上有血，以土傅之，得土得众之象，应在得梦时三日，当有报至。"上遂留所欲刑之人以待之。三日后，海宁以城降，果如公言。

（五）先是杨宪败后汪广洋为丞相，未几而贬广东，乃相惟庸。公乃大戚，尝谓人曰：

于鄱阳，胜负未决。基请移军湖口，期以金木相犯日决胜，上从基言，遂克之。其后上决策取士诚，北收中原，以定天下，基密谋居多。

（四）拜基为太史令。一日，基见日中有黑子，言于上曰："东南当失一大将。"已而参军胡深攻福建，果败没。他日上谓基曰："吾昨梦三人头上有血，以土傅之，此何应也？"基曰"三人头上有血，众字象也，以土傅之，乃得众得土之兆，后三日当有报至。"越三日，海宁果以城降。

（五）先是杨宪既败，汪广洋为相，未几贬广东，乃相胡惟庸。基忧愤，尝谓人曰："使

"使吾言不验，苍生之福也；言而验者，其如苍生何！"遂忧愤而旧疾愈增。洪武八年正月，胡丞相以医来视疾，饮其药二服，有物积腹中，如卷石。公遂白于上，上亦未之省也。自是疾遂笃。三月，上以公久不出，遣使问之，知其不能起也，特御制为文一通，遣使驰驿送公还乡里。居家一月而薨。

吾言不验，苍生之福也；使吾言验，其如苍生何？"无何，疾作。八年正月，惟庸以医来视疾。基既饮药，若有物塞腹中，自是疾笃。三月，上以基久疾，命给驿传，遣使送还乡里。御制文以赐之，其略曰……。基居家一月而卒。

《行状》与《太祖实录·刘基传》相同的地方尚多，但有以上五段，已足以看出后者是以前者为依据的。尤其能说明问题的是第二段。《实录》卷九辛丑八月戊戌的记事业已明载皖城是当天就拿下的，我们也用刘基本人的诗句证实了这一点，《实录·刘基传》却改说皖城未下而迳取江州，就是因为它沿袭了《行状》。那么《实录·刘基传》对《行状》写的一切是否都照抄不误呢？也不。《行状》的内容被《实录·刘基传》删改的也不很少，重要的有：一，刘基与帖里帖木儿反对招安方国珍，刘基因而被羁管绍兴的事；二，陈友谅来犯，刘基建议朱元璋先斩部下"主降议及奔钟山者"事；三，朱元璋中书省元旦设小明王御座，刘基大骂"牧竖"事；四，刘基与人议论三十年"杀运"事；五，朱元璋与刘基议论谁宜当宰相事。不待我们提醒，读者想必已经看出，这五件事经我们考证都是子虚乌有的。这说明，《实录·刘基传》虽然脱胎于《行状》，史官还是做了一些识别工作，没有全从《行状》。

《明太祖实录》初修于建文元年（1399），给《翊运录》写序的王景（1336—1408）自始就任《实录》的总裁官，① 现在我们又查明《实录》中的《刘基传》脱胎于《行状》，由此可以推想，《行状》写于建文初年，是提供给纂修《实录》用的。《实录》中许多小传都有现成的碑传、行状为依据（例如，卷四二的《章溢传》就是根据宋濂写的《御史中丞章公神道碑铭》），而刘基身后既无行状又无墓志铭、神道碑，为了让刘基名垂国史，必须找人先写一篇行状。推想署名黄伯生撰的《行状》应是刘璟、刘廌等所为。如果《行状》对刘基的生平事迹据实直书，原不需要伪托他人署名并倒填年份。但刘基仕元背元、抗朱降朱的行为怎么能直书呢？既不能直书，又需要取信

---

① 《明史》卷一五二《王景传》；沈德符《万历野获编》卷一。

于人，这篇谎言累累的《行状》便不能由家人署名了。由于黄伯生确有文名，又曾为刘琏的《自怡集》写过序，《行状》便托称黄伯生撰。又因黄伯生卒于洪武十八年，《行状》便倒填撰写时日为十六年孟春。

在这里我接连用了几个推理，但我是先证实了《行状》有大量的不实之词，而且有些不实之词不可能写于洪武年间，然后才作这些推理的。从内容上讲，那么多的不实之词只可能出自与刘基关系密切、荣辱与共的人之手；从时间上讲，既排除了写于洪武年间的可能性，便只剩建文初了。而王景其人和他为《翊运录》写的序以及《实录·刘基传》，我看是可以为我的推论作证的。此外，我还要提醒读者，《行状》末尾所署"洪武癸亥孟春将仕郎秦府纪善同郡诸生黄伯生状"一行二十一字仅见于成化本，在嘉靖本《文集》里被删除了，隆庆本也没有。

或许有人会说，《行状》原来可能是黄伯生于洪武十六年撰写的，只是其中若干段落为建文初刘廌等添入。我以为，此说亦可考虑，但看《行状》叙事凌乱，议论偏颇，实难与黄伯生的文名相称。而且只要确定《行状》最终成于洪武以后，先前为谁所撰已不重要。

十一　身后之誉

刘基身后之誉极高，历六百年不减。刘基的身后之誉包括两个方面：一是他对明朝开国的贡献，一是他的超人智慧。经我们考辨，刘基对明朝开国的贡献并不那么大，他的智慧也不那么超人。因此我们必须回答一个问题：刘基那么高的身后之誉从何而来？

刘基的身后之誉最早来自朱元璋。刘基在仕元期间虽然已经有学识渊博、行为刚正的美名，但知者不多，施展才能的机会有限。他的智慧才能是在参加朱元璋建国事业的过程中得到发挥的。但是，朱元璋并没有说他是"渡江策士无双，开国文臣第一"。明初文臣无论怎样排名，刘基只能置于李善长、汪广洋之后，是朱元璋屡兴大狱改变了刘基的排名。汪广洋、李善长先后被杀，他们的功劳随之湮没，人们虽知他们曾有萧何、张良之称，却少知他们追随朱元璋二十余年的具体事迹。相比之下，刘基子孙手中持有那么多诏、诰可以展示世人。人们阅读刘氏子孙持有的那些诏、诰时，往往忽略了那时得到朱元璋嘉奖赞许的绝非刘基一人。就以"称先生而不名"来说，在朱元璋建国前受此待遇者不少。须知那时朱元璋不是皇帝，又当征贤用人之际，称先生乃是平常事，岂不见朱升更被称做"宗长"。但称道刘基者仍多引"称先生而不名"来凸显刘基受到朱元璋特殊礼遇。与此相同，朱元璋给刘基诏、诰中的赞许之词似乎也成了刘基所独有。朱元璋晚年回想开国诸文臣，除了死于战事或老病者外，不被他诛杀者鲜有，刘基当可一表，故而有《遇恩录》中那些话，由此增加了刘基的美誉。

及至《行状》一出，刘基的身后之誉趋于齐全，但其后人、乡人仍不满足，进一步加以拔高，《太祖实录》的总裁官王景便是一个带头人。永乐二年（1404）王景写《翊运录序》说：

> 方天造草昧，定都建康，……诚意伯刘先生者沉几先物，独识真主，遂委身而服事焉。太祖敬而信之，用其宏谋，西平江汉，东定吴会，天下大势固已定矣。于是席卷中原，群雄归命，混一四海，大抵皆先生之策也。今观御书诏诰之推奖，国计事几之商榷，词命往复，弥缝参赞，千载一遇，虽伊挚、吕望、张良之卓越，亦不过于先生

矣。先生真豪杰之士哉，……殷周以来，一人而已。

这样的赞誉，刘基九泉有知，一定不敢接受。

洪武二十三年，朱元璋曾命刘廌世袭诚意伯，永乐间因故而停。其后百余年，刘氏子孙仅袭小官，对刘基的表彰似亦沉寂。我们仅知正德九年（1513）追赠刘基太师，诰文有"渡江策士无双，开国文臣第一"之句。这两句话后世常有人引，其实是很不通的。所谓"渡江策士"是指随从渡江的策士呢，还是指渡江之后来归的策士呢？若指前者，刘基肯定不是；若指后者，刘基来归已在五年之后，为何还要同渡江扯在一起？

嘉靖年间，在处州地方官员和刘基后裔、乡人的共同策动下，把刘基再抬上一个新的台阶。事情起于嘉靖五年（1526）处州知府潘润写的一份《请重建刘诚意伯祠疏》，疏文称：

> 洪惟高皇帝应天顺人，龙飞淮甸，不数年间，奄有大业。当时佐命诸臣，奉行天讨，削平僭乱于外者有徐达、汤和辈，而徐达为最；察观乾象，运筹帷幄之内者惟刘基一人而已。是刘基之功与徐达相伯仲也，太祖常礼敬之而不名，每曰"吾子房也"，所以待之者至矣。当功成之际，举报锡之典，封徐达为魏国公，食禄甚厚，春秋祭祀之

外，时享不一；封刘基为诚意伯，恩宠有加，所以报之者亦至矣。厥后徐达之子曰辉祖者袭封公爵，至今世代相承，久而不替；刘基之孙曰刘廌者袭封诚意伯，自廌之后不传。臣原籍直隶广德州建平县人，密迩南都，自龆龀之时闻父兄遗论，谓刘基之功与徐达相等，而达之子孙袭爵如故，基之子孙寂无所闻，山林僻处，莫知所由。及臣幸登仕版，闻士夫议论，及睹基《翊运录》，知景泰年间钦取基七世孙刘禄授翰林院五经博士，天顺元年刘禄奏请立诚意伯祠，荷蒙英宗皇帝诏可其奏，下有司营建祠堂于基原籍青田县，以安其灵，恩至渥矣。然五经博士之袭似未惬然，祠堂规制俱涉苟简，事出不详，有怀未吐。嘉靖五年六月内，臣钦承上命知处州府事，值公干至青田县，参谒诚意伯祠，果见规模卑隘，及询仪物，亦不加隆，其孙刘豫见袭处州卫指挥使。臣乃追思父兄所以为刘基论者，有由然也。

仰惟太祖之兴也，群臣协辅，如云龙风虎之相从；其报赏也，论功锡予，如权衡轻重之不爽。奈何历世未远，事体顿殊。如徐达，子孙辉映，百年无异。如刘基者，子孙袭荫，仅一指挥，春秋祭祀，率多简略。功之在太祖，实相颉颃；报之在今日者，似觉霄壤。非惟无以慰刘基泉壤之望，恐我太祖在天之灵亦不欲报刘基之止于如此也。及查弘治十五年礼科给事中臣吴仕伟请建祠堂于府城，前任知府臣梁宸谨奉钦依事理，尝置官地一所于皇华铺前，规模窄狭，尚未建立。故云和民人郑以璋、郑滋父子相继为言者，亦天理人心之不能已也。臣昔虽耳闻，今乃目击，有激于中，不忍缄默，为此披沥愚悃，冒死上陈。伏乞皇上念太祖创业之难，悯刘基功绩之大，特敕礼、兵二部查照徐达、汤和等，于其袭荫稍加爵秩，于其祠宇稍加壮丽，于其祭祀稍加丰隆，较之徐达等递减一等，使彼子孙世守，则上副太祖锡报元功之诚，下协天下臣民之论，而抑有以厉人心于将来矣。①

潘润奏疏把嘉靖五年以前刘基后代以及刘基祠堂的情况讲清楚了。潘润上书几年以后，刑部郎中李瑜于嘉靖十年(1531)闰六月又上疏建言以刘基配享太庙，恢复刘基后裔世袭诚意伯爵。世宗命下礼、兵部议，吏部侍郎唐龙支持李瑜，事遂成。李瑜奏疏见于嘉靖、隆庆本《文集》，张时彻《神道碑》录了其部分文字，称"奏上，报允，遂进公（刘基）配享于太

① 《雍正浙江通志》卷二五七。

庙，乃复瑜伯爵，世世承袭焉"。刘瑜是刘基的九世孙。从这里可以看到，刘氏后人对刘基身后之誉的追加，是同他们对现实利益的追求分不开的，实际上前者是后者的手段，后者是目的。

隆庆元年（1567），张时彻应刘基后人刘世延之请，写了《神道碑》。张时彻大量抄录《行状》，但并非没有创意。读者们早已读过朱元璋给刘基的《御史中丞诰》，其中说到"经邦纲目、用兵先后，卿能言之，朕能审而用之"。诰中这句话到了《行状》中便转为"陈氏遂平，上还京，定计取张士诚，因定中原，拓土西北，公密谋居多"；在王景《翊运录序》，进为"大抵皆先生之策也"；至张时彻《神道碑》，再去"大抵"二字，成了"奸友谅，次取张士诚，次定中原，荡群雄，逐胡狄，再造区夏，凡皆公之密谋也"。几经哄抬，刘基的身后之誉已到了无以复加的程度。清人修《明史》，于《刘基传》中改作"其后太祖取士诚，北伐中原，遂成帝业，略如基谋"；分量虽然打了点折扣，但因《明史》是正史，遂使一些专业的历史研究者深信不疑。

明人治"国史"者不少，刘基对朱元璋开国的贡献能够由着《行状》撰者和张时彻等任意抬高吗？果然，明末至少有三个史家对任意吹抬刘基的行为提出了异议，他们是许重熙、钱谦益和谈迁，许重熙尤其突出。

许重熙是常熟人，与钱谦益是同乡，《康熙常熟县志》卷二〇《文苑传》有他的小传："重熙字子洽，太学生，以史学著当世。数游京师、金陵、维扬、匡庐间诸藏书家，得遍识其书，商订典籍，学益博，识高古。"① 他撰写的《宪章外史续编》十四卷是嘉靖、隆庆、万历、泰昌、天启五朝的编年体大事记，又称《五陵注略》、《五朝注略》。国家图书馆现藏《嘉靖注略》五卷，原题"太学生臣许重熙编次，右春坊臣许士柔参订"。书前有董其昌（1556—1637）序，内称：

> 属有许生重熙，衷近代之故实，括诸家之旧闻，循其年次，列以事言，卷帙不病于浩繁，指陈殊快于简易，可谓义文兼美者矣。……重熙沉雅笃信，动以古谊自程。少年为诸生，不肯诡遇求闻。晚游太学，从事南北闱，几幸而复落。无聊困顿之中，辄著书自娱，而嘉靖以来注略，其一种也。

许重熙自序末署"崇祯六年癸酉重九日吏部候选监生臣许重熙

---

① 转引自王重民《中国善本书提要》史部《宪章外史续编》条，上海古籍出版社，1983年。

述序"。

《嘉靖注略》卷二辛卯十年闰六月的记事作：

> 复常遇春、李文忠、邓愈、汤和四人子孙为侯。刑部郎中李瑜奏言："臣乡人刘基翊运有功，不在姚广孝下，宜侑食高庙，世其封爵，与徐达同。"下廷臣集议。侍郎唐龙奏曰："高皇帝帏幄奇谋，庙堂大计，每每属基。在军有子房之称，剖符发孔明之喻，厥勋懋矣。基宜配享太庙，其九世孙瑜可嗣伯爵。"诏从之。

紧接在这段记事后面，许重熙发了以下一段议论（原书用小字）：

> 熙按：开国文臣最先幕府从渡者，李善长、汪广洋、杨元杲、李梦庚、毛麒。渡江后有若陶安、宋思颜、杨宪、王恺、孙炎等。又六载下浙东，乃得宋濂、刘基、叶琛、章溢。大封时善长位上公，比萧何，而子房、孔明之称先广洋而次基，后各以嫌责死。今人所载基事不无过饰，核之当日情事，显有不类者三：
> 　　考基为石抹宜孙幕官，与圣祖相持者累岁，至宜孙死

乃归附。而志传中谓基于未乱时饮西湖，见西北云起即指云"真人在淮泗间，吾当辅之"。又谓圣祖在滁，与善长语三杰，即以子房属基。何信之早而相附之迟如是，无是理也。

传谓基于庚子年见省中设小明王座，独怒不拜，曰"此牧竖耳，奉之何为"，圣祖悟，乃定大计。然考圣祖自庚子至丙午，凡征讨封拜，必以龙凤纪年行之，奉其号而显斥其人，无是理也。

传谓基阻胡惟庸作相，惟庸恨之，构衅夺爵，且挟医视疾，基饮毒致死矣。考之惟庸诛后，圣祖有《昭示奸党录》刊行天下，基子琏名在籍中，父仇子党，无是理也。至谓琏死于建文时，为之请祠，抑又谬误甚矣。

嘉靖初，越人撰《英烈传》小说，谓基功曾辞国公之爵，处州进士卢玑谓基曾塑像功臣庙，而善长、广洋寂然无颂言者，身后之誉岂不以乡人哉？

许重熙末句话可谓一针见血。的确，王景（处州松阳人）、李瑜（处州缙云人）、唐龙（婺州兰溪人）、张时彻（四明人）四个都是浙东人，他们那样吹抬刘基，狭隘的地方观念肯定起了作用。王景自称与刘基"忝为同郡"，李瑜明言"臣籍缙云，乃其乡人"，而且说"自童稚时闻父老谈先达之有功者，必曰刘伯温"。张时彻也自称是"乡里后进"。他们都是以与刘基同乡里自豪的。

许重熙很大胆，敢于向刘基的乡人挑战，不怕得罪浙东人。但许重熙治史不严谨，上引那段讲刘琏名在《昭示奸党录》的话，明显是错误的。他的话得罪了诚意伯刘孔昭（刘世延孙）。那时朝中党争炽烈，首辅温体仁（也是浙人）想利用刘孔昭打击国子祭酒倪元璐，因许重熙族人许士柔掌左春坊事，与倪元璐关系较密，便嗾使刘孔昭劾倪元璐，并诉许重熙私撰《五朝注略》以连许士柔。[①] 崇祯十六年（1643）杨士聪著《玉堂荟记》称：

> 《五陵注略》者，监生许某之所辑也。自嘉靖至天启，故曰五陵。其持论颇异。……又世庙续封诚意及郭英配享等事，或称诚意为乡人拥戴，大都或因旧论而诠次之。乃为诚意伯孔昭所深恶，至倪学士元璐为祭酒，再四嗾使劾之。倪逡巡未果，刘遂上疏劾倪及许。

---

① 《明史》卷二一六《许士柔传》。

《明史·许士柔传》说许士柔被劾后"亟以《注略》进，乃得解"，没有揭出真相。事实是许士柔、许重熙屈于压力，不得不对《嘉靖注略》作些删除。我在上面引出的《嘉靖注略》文字，凡有黑线标出的，在另一部完整的《宪章外史续编·嘉靖注略》中都被挖去，版面开了天窗。这个刘孔昭在崇祯年间气焰相当嚣张，《明史》有一些零星记载。

　　就事论事，许重熙所言还是有见地的，他列出的朱元璋渡江前后手下的文职人员很值得我们逐一了解，尤其是汪广洋。汪广洋绝非如朱元璋逼死他前所说的那样碌碌无为。他是余阙的学生，从至正十五年（龙凤元年）起加入朱元璋队伍，功劳显著。洪武元年十二月任中书参政，二年出为陕西参政，三年为中书左丞。三年十一月与刘基同日封伯，位次爵禄在刘基之上。四年为右丞相，六年为广东参政，七年任御史大夫，十年复任右丞相，直到十二年十二月被贬死。本书第八章引过赐汪广洋忠勤伯诰的摘要，从中可以看到那时朱元璋对汪广洋的赞扬绝不亚于对刘基。许重熙说"大封时善长位上公，比萧何，而子房、孔明之称先广洋而次基"，完全是实话。朱元璋说刘基能言用兵先后，并没有说其他人都不能言，否则汪广洋怎么也有子房、孔明之称呢？事实上就在十二年八月十一日，朱元璋还赐敕汪广洋说：

卿当钧轴之任,政务填委。深知卿病于暑毒,不能朝参。朕每临朝,未尝不念卿。然智人达士惟顺时调护则神清气爽,小小疾病自不能为害也。以此劳卿,体予至意。①

这番话如果是对刘基说的,不知会被刘基乡人反复引用几次。汪广洋并且能文会诗,宋濂为他的诗集作序说:

公以绝人之资,博极群书,善属文,而尤喜攻诗。当皇上龙飞之时,仗剑相从,东征西伐,多以戎行,故其诗震荡超越,如铁骑驰突,而旗蠹翩翩,与之后先。及其治定功成,海宇敉宁,公则出持节钺,镇安藩方,入坐庙堂,弼宣政化,故其诗典雅尊严,类乔岳雄峙,而群峰左右,如揖如趋。

清修《四库全书》收汪广洋《凤池吟稿》十卷,提要称:"今观是集,大都清刚典重,一洗元人纤媚之习,……究不愧一代开国之音也。"汪广洋也有原则,朱元璋要他证实胡惟庸毒死刘基,他不肯随声附和。汪广洋如此,他如陶安、杨宪、王

---

① 《实录》卷一二六。

恺、孙炎，还有许重熙没有提到的章溢、胡深等人，均非平庸之辈，怎么能像王景、张时彻那样把一切功劳建树均归于刘基一人呢？许重熙的话除了误以为刘琏名在胡惟庸党中（估计是同姓名所致），其余都说得有理，但在那个时代想把历史弄清楚，实在太难了。人们可以不厌其烦地复述《行状》编造的故事，没有几个人会注意许重熙的考辨。

到了近代，极口赞誉刘基的人依旧不少，影响最大的当推章太炎，他是浙江余杭人。民国四年（1915），章太炎受刘基裔孙刘崧申之托，为《诚意伯集》作序。[①] 序文千余字，简要地评述了刘基一生的几个主要方面。首先是讲刘基对明朝建国的贡献，章太炎说：

> 昔胡元陆梁，轶我保介，百年乃有韩、徐诸雄起于荆、豫，顾骄侈不足与共大事。而张士诚、方国珍据吴、越间，又羁属元，受其爵赏。其唯明祖高才荦确，为有长人之德。公以耆硕，为之师保。其始经略不满千里，而能西刘陈、明，东羁张、方，命率北征，胡酋鸟窜，奄有禹

---

① 《章太炎全集》卷四《太炎文录初编·补编》，上海人民出版社，1985年。

域，光复旧物，皆由公赞画为多。成功盛德，上方留侯，固无得而称焉。

其次是关于刘基的性行和文辞，章太炎说：

其性行刚廉，不随流俗，灼然效于文辞，发言奘驵，刚健旁通，又为明一代宗师，甚非后进所能褒颂也。

第三是关于刘基仕元，章太炎说：

顾世或以尝仕胡元为公诟病，亦或比伊尹五就汤、桀，妄者且言公本为元，计穷乃归明，或又傅以谶记方术之辞。案公少举进士，仕元至江浙儒学副提举，未尝践朝列，居方面长官，斯禄仕之常耳。方国珍小寇掎扈，螫害闾里，其志固不为攘戎貉，匡汉略。公之起，则为乡邑保障，不为元行省干城，厥颂石末德政，与其倡和酬酢之文，非大体也。尝作《伐寄生赋》，称异类滋长，旧本就悴，非其种者，锄而去之。《战城南》称五服限夷夏，彼狂争长。《走马引》称报戴天之耻。及《题谢皋羽传》讼言氈裘鞮唱，指斥无忌。其分北戎夏之志，往往行于篇什间矣。

第四是关于刘基的术数，章太炎说：

> 诸所言术数事，明人笔札，已侈言之。案公文多胡元时作，入明差少，其帷幄密议则绝。诚以篇第残夺，亦由军国大议，造次立陈，君臣无壅，无待章奏封事云云也。世人怪公筹略广而文疏少，遂以神怪之事傅之。古之名世，若诸葛武侯、鲁横江者，其盛美独在定策数言，不于行军曲折，事事指而数之也。公与明祖所论方略，《列传》已详。及以御史中丞留守，惩宋、元宽弛，以严为纪。其后明祖斩断逾溢，又言霜雪之后必有阳春，为政宽猛如循环。徒恨明祖不尽采用，其言非少也。凡诸云物风角形法壬遁之言，前世豪杰或兼知之。公善为天官历象及《灵棋经》，明祖起香军，所任周颠、张中之徒甚众，性不可移，或时举占候，令易听用。要其发纵指示，处以人事，而不以方术断也。

章太炎不愧是文章大家，问题抓得准，说理看上去也顺。但是，理在事中，不在事外，再顺的说理也要接受事实的检验。章太炎的理，多是建立在《列传》（应是《明史·刘基传》）所记之事上的；一旦揭出《列传》所记之事不实，章太炎的理便失去依托。例如，章太炎说明朝"奄有禹域，光复旧物，皆由公赞画为多"的话，便是重复《明史》本传的话，亦即《行状》、《神道碑》的话，本书第七、八两章已予辩驳，无需再言。又如，章太炎否认刘基"本为元，计穷乃归明"，且指持此说者为"妄"，但刘基"本为元，计穷乃归明"是无可争辩的事实，本书第三、四、五章所述刘基事迹及刘基诗文均是明证。刘基仕元二十多年，且以中兴元室自负，怎么能说他仅"为乡邑保障，不为元行省干城"？章太炎对刘基诗文的阐释也过于主观。刘基与石抹宜孙倡和酬酢的诗，完全是他心声的流露，怎么能以"非大体"抹去？至于《伐寄生赋》、《战城南》、《走马引》及《题谢皋羽传》四篇，更不能按章太炎的解释。首先，《题谢皋羽传》本收于《犁眉公集》，在《文集》成化本第十六卷，是刘基入明以后的作品，章太炎不察，误当作在元时的作品了。其次，《伐寄生赋》仅把去除寄生于群木、嘉果中的"异类"比作"疮痍脱身"、"大奸去国"，原因是"蠹凭木以槁木，奸凭国以盗国"；《走马吟》颂壮士报仇雪耻，比作勾践之报夫差：两作都没有铲除异族统治的意思。当然，像这样的作品，其隐喻可作不同的引申，但正确的引申总须与作者写作时的处境、行为与思想相符。刘基不可能一面赞颂顺帝、脱脱，企望元室中兴，一面又想推翻元朝统治。《战城南》说到汉与匈奴"争长雄"，也提到"夷夏"之别，但没有越过胡安国的观点，那是元朝政府所不忌的（参看本书第一章），而非刘基"无忌"。章太炎对清廷的忌讳一清二楚，但他不知在思想钳制方面元与清是很不相同的，所以作了不当的推论。

章太炎是反清志士，故而把刘基看作反元志士。他不仅深慕刘基，并且以刘基自况。在为《诚意伯集》写序前月，他还写了一篇《终制》，称自己"功状性行，足以上度，其唯青田刘文成公"，说刘基对他而言"既密近在五百年，又乡里前文人，非有蹠踔难知之事，如有所立，风烈近之矣"。他又比较了自己与刘基的"同异"，自以为"大体素同"，"上较文成，相宅异地，本之赤心，而有不虞之患又同"，"其同者，乃在性行功状之间；其异者，直遭世隆污云尔"。文章最后说："今旦暮绝气，而宅兆未有所定，其为求文成旧茔堄地，足以容一棺者，托焉安处。"章太炎这年四十六岁，过了二十一年，在他去世以后，归葬余杭，未遂托茔刘氏墓地的心愿。

以上就是刘基身后之誉的大概情况。今天的历史学家仍然面临如何看待刘基这个历史人物的问题，但愿我们能够客观地、科学地作出评论。

附录一
故诚意伯刘公行状

祖庭槐，字尚德，追封永嘉郡公。祖妣梁氏，追封永嘉郡夫人。父爚，字如晦，追封永嘉郡公。母富氏，追封永嘉郡夫人。

公讳基，字伯温，世为括苍人。年十四，入郡庠，从师受《春秋经》，人未尝见其执经读诵，而默识无遗。习举业，为文有奇气，决疑义皆出人意表。凡天文、兵法诸书，过目洞识其要。讲理性于复初郑先生，闻濂洛心法，即得其旨归，先生大器之，乃谓公父曰："吾将以天道无报于善人，此子必高公之门矣。"

后应进士举，授江西瑞州府高安县丞。揭文安公曼硕见公，谓人曰："此魏徵之流，而英特过之，将来济时器也。"公在燕京时，间阅书肆有天文书一帙，因阅之，翊日，即背诵如流。其人乃大惊，欲以书授公，公曰："已在吾胸中矣，无事于书也。"之官，以廉节著名。发奸摘伏，不避强御。为政严

206

而有惠爱，小民自以为得慈父，而豪右数欲陷之。时上下咸知其廉平，卒莫能害也。新昌州有人命狱，府委公复检，案核得其故杀状，初检官得罢职罪，其家众倚蒙古根脚，欲害公以复仇。江西行省大臣素知公，遂辟为职官掾史，以谠直闻。后与幕官议事不合，遂投劾去。隐居力学，至是而道益明。后为江浙儒学副提举，为行省考试官。顷之，建言监察御史失职事，为台宪所沮，遂移文决去。

尝游西湖，有异云起西北，光映湖水中。时鲁道原、宇文公谅诸同游者皆以为庆云，将分韵赋诗，公独纵饮不顾，乃大言曰："此天子气也，应在金陵，十年后，有王者起其下，我当辅之。"时杭城犹全盛，诸老大骇，以为狂，且曰："欲累我族灭乎？"悉去之。公独呼门人沈与京置酒亭上，放歌极醉而罢。时无能知者，惟西蜀赵天泽知公才器，以为诸葛孔明之流。

方谷珍反海上，省宪复举公为浙东元帅府都事，公即与元帅纳邻哈刺谋筑庆元等城，贼不敢犯。及帖里帖木耳左丞招谕方寇，复辟公为行省都事，议收复。公建议招捕，以为方氏首乱，掠平民，杀官吏，是兄弟者宜捕而斩之，余党胁从诖误，宜从招安议。方氏兄弟闻之惧，请重赂公，公悉却不受，执前议益坚。帖里帖木耳左丞使其兄子省都镇抚以公所议请于朝，方氏乃悉其贿,使人浮海至燕京。省院台俱纳之,准招安,授谷珍以官,乃驳公所议,以为伤朝廷好生之仁,且擅作威福,罢帖里帖木耳左丞辈,羁管公于绍兴。公发愤恸哭,呕血数升,欲自杀,家人叶性等力沮之。门人密理沙曰:"今是非混淆,岂公自经于沟渎之时耶?且太夫人在堂,将何依乎?"遂抱持公,得不死,因有痰气疾。是后方氏遂横莫能制,山越皆从乱如归。

公在绍兴,放浪山水,以诗文自娱,时与好事者游云门诸山,皆有记。行省复以都事起公,招安山寇吴成七等,使自募义兵。贼拒命不服者,辄擒诛之,略定其地。复以为行枢密院经历,与行院判石末宜孙守处州,安集本郡。后授行省郎中。经略使李谷凤巡抚江南诸道,采守臣功绩奏于朝。时执政者皆右方氏,遂置公军功不录,由儒学副提举格授公处州路总管府判。诸将闻是命下,率皆解体。敕书至,公于中庭设香案,拜曰:"臣不敢负世祖皇帝,今朝廷以此见授,无所宣力矣。"乃弃官归田里。时义从者俱畏方氏残虐,遂从公居青田山中。公乃著《郁离子》。

客或说公曰:"今天下扰扰,以公才略,据括苍,并金华,明越可折简而定,方氏将浮海避公矣。因画江守之,此勾践之业也。舍此不为,欲悠悠安之乎?"公笑曰:"吾平生忿方谷珍、张士诚辈所为，今用子计，与彼何殊耶？天命将有归，子姑待之。"会上下金华，定括苍，公乃大置酒，指乾象谓所亲曰："此天命也，岂人力能之耶？"客闻之，遂亡去。

公决计趋金陵，众疑未决。母夫人富氏曰："自古衰乱之世，不辅真主，讵能获万全计哉？"众乃定。或请以兵从，公曰："天下之事在吾与所辅者尔，奚以众为？"乃悉以众付其弟陛，俾家人叶性、朱佑等参掌之，且曰："善守境土，毋为方氏所得也，勿忧我。"适总制官孙炎以上命遣使来聘，公遂由间道诣金陵，陈时务策一十八款，上从之。

会陈氏入寇，献计者或谋以城降；或以钟山有王气，欲奔据之；或欲决死一战，不胜而走未晚也。公独张目不言。上召公入内，公奋曰："先斩主降议及奔钟山者，乃可破贼尔。"上曰："先生计将安出？"公曰："如臣之计，莫若倾府库、开至诚以固士心。且天道后举者胜，宜伏兵伺隙击之，取威制敌、以成王业者，在此时也。"上遂用公策，乘东风，发伏击之，斩获凡若干万。上以克敌之赏赏公，公悉辞不受。

中书省设御座，将奉小明王，以正月朔旦行庆贺礼，公大怒，骂曰："彼牧竖尔，奉之何为！"遂不拜。适上召公，公遂陈天命所在。上大感悟，乃定征伐之计。遂攻皖城，自昏达旦不拔。公以为宜径拔江州，上遂悉军西上。陈氏率其属走湖广，江州平。上使都督冯胜将兵攻某城，命公授方略，公书纸授之，使夜半出兵，云："至某所，见某方青云起，即伏兵，顷有黑云起者，是贼伏也，慎勿妄动；日中后黑云渐薄，回与青云接者，此贼归也，即衔枚蹑其后击之，可尽擒也。"众初莫肯信，至夜半，诣所指地，果有云起如公言，众以为神，莫敢违，竟拔城擒贼而还。王汉一以饶、信降，上命公抚之。陈氏洪都守将胡均美使其子约降，请禁止若干事。上初有难色，公自后踢所坐胡床，上意悟，许之，均美遂以城降。

初，公闻母富氏丧，悲恸欲即归。上以书慰留之，期以成功。公不得已，遂从征伐。至是辞归，上遣礼官伴送，累使吊祭，恩礼甚厚。时苗军反金华、括苍，杀守将胡大海、耿某、孙炎等，衢州或谋翻城应之，守将夏毅惧，无所措。会公至，即迎入城，一夕定之。公即发书金、处属县，谕以固守所部。遂同邵平章诸军克复处城，擒苗帅贺某、李某，处州平。公至家，营葬事，时语所亲以上必当有天下之状，于是乡里及邻附郡县翕然心服。方氏虽据温、台、明三郡，其士大夫皆仰公如景星庆云，其小民亦未尝不怀公之旧德也。方氏素畏公名，时遣人致书奉礼。公不敢受，使人白于上。上因令公与通问，公因宣国家威德，方氏遂纳土入贡。上时使人以书访军国事，公即条答，悉合机宜。

　　某年月日，公赴京，道经建德，今严州也，适张氏入寇。时曹国公守建德，欲奋击之，公乃使勿击，曰："不出三日，贼当自走，追而击之，此成擒也。"比三日黎明，公登城望之，曰："贼走矣。"众见其壁垒旗帜皆如故，且闻严鼓声，疑莫敢轻动。公趣使疾进兵，至则皆空垒；击鼓者，乃所掠老弱耳。遂穷追贼，进走至东阳，悉擒之以还。公遂至京。

　　时陈友谅据湖广，张士诚据浙西，皆未下。众以为苏、湖地肥饶，欲先取之，公曰："张士诚自守虏耳；陈友谅居上流，且名号不正，宜先伐之。陈氏既灭，取张氏如囊中物耳。"会陈氏复攻洪都，上遂伐陈氏，因大战于彭蠡湖，胜负未决。公密言于上，移军湖口，期以金木相犯日决胜，上皆从之，陈氏遂平。上还京，定计取张士诚，因定中原，拓土西北，公密谋居多。上或时至公所，屏人语，移时乃去，虽至亲密，莫知其由。

　　以公为太史令。一日，公见日中有黑子，奏曰："东南当失一大将。"时参军胡深伐福建，果败没。他日公见上，上方欲刑人，公曰："何为?"上语公以所梦，公曰："是众字头上有血，以土傅之，得土得众之象，应在得梦时三日，当有报至。"上遂留所欲刑之人以待。三日后，海宁以城降，果如公言。捷至，上大喜，悉以所留人俾公纵之。某年月日，荧惑守心，群臣皆震惧，公密奏上，宜罪己以回天意。次日，上临朝，即以公语谕群臣，众心始安。后大旱，上命公谳滞狱，凡平反出若干人，天应时雨，上大喜。公因奏请宜立法定制，上从之。

张士诚平后，张昶欲乱政，乃使人上书，称颂功德，劝上宜及时为娱乐。上以示公，公曰："是欲为赵高也。"上颔之。昶色动，知公得其情也，乃使齐翼岩等伺察公阴事，欲陷之。未及发而昶先事受诛。及司天台灾，翼岩因为书言之于上，其事多公平日密闻于上或上使为之者，翼岩未之知也。书奏，上切责翼岩，斩之。遂治党与，尽得其与昶通谋状。上适以事责丞相李善长，宪使凌悦因弹之。公为上言："李公旧勋，且能辑和诸将。"上曰："是数欲害汝，汝乃为之地耶！汝之忠勋，足以任此。"公叩头曰："是如易柱，必须得大木然后可；若束小木为之，将速颠覆。以天下之广，宜求大才胜彼者，如臣驽钝，尤不可尔。"上怒遂解。

洪武元年正月，上登大宝于南郊，公密奏立军卫法，外人无知者。拜御史台中丞。适中丞章公溢奏定处州七县税粮，比宋制亩悉加五合，上特命青田县粮止作五合起科，余准所拟。且曰："使刘伯温乡里子孙世为美谈也。"或言有杀运三十年，公慨然曰："使我任其责者，扫除弊俗，一二年后宽政可复也。"上幸凤阳，使公居守。公志在澄清天下，乃言于上曰："宋元以来，宽纵日久。当使纪纲振肃，而后惠政可施也。"乃命宪司纠察诸道，弹劾无所避。公案劾中书省都事李彬侮法等事，罪当死。丞相李善长素爱彬，乃请缓其事。公不听，遣官赍奏诣行在。上从公议，处彬死刑。公承旨，即斩之，由是与李公大忤。比上回京，李公愬之，公乃求退。

上命归乡里，公奏曰："凤阳虽帝乡，然非置都之地。王保保虽可取，然未易轻也，愿圣明留意焉。"遂辞归。后定西失利，王保保竟走沙漠。上手诏叙公勋伐，且召公赴京师，同盟勋册。公至京师，上赏赐甚厚，追赠公祖、父爵皆永嘉郡公。累欲进公爵，公曰："陛下乃天授，臣何敢贪天之功？圣恩深厚，荣显先人足矣。"遂固辞不敢当。上知其至诚，不强也。

上欲相杨宪，公与宪素厚，以为不可。上怪之，公曰："宪有相才，无相器。夫宰相者，持心如水，以义理为权衡而己无与焉者也。今宪不然，能无败乎？"上曰："汪广洋何如？"公曰："此褊浅，观其人可知。"曰："胡惟庸何如？"公曰："此小犊，将偾辕而破犁矣。"上曰："吾之相无逾于先生。"公曰："臣非不自知，但臣疾恶太深，又不耐繁剧，为之且孤大恩。天下何患无才？愿明主悉心求之。如目前诸人，臣诚未见其可也。"

三年七月，授弘文馆学士。十一月，进封诚意伯。四年正月，赐归老乡里。二月，至家，遣长子琏捧表，诣阙谢恩。某年某月，复遣琏进《贺平西蜀表颂》，上仍以文答之。八月，上使克期以手书问天象事，公悉条答。其大意以为霜雪之后，必有阳春。今国威已立，自宜少济以宽。书奏，上悉以付史馆。其书稿并已前奏请诸稿，公皆焚之，莫能得其详也。

初，公言于上："瓯括间有隙地曰谈洋，及抵福建界曰三魁，元末顽民负贩私盐，因挟方寇以致乱累年，民受其害，遗俗犹未革，宜设巡检司守之。"上从之。及设司，顽民以其地系私产，且属温州界，抗拒不服。适茗洋逃军周广三反，温、处旧吏持府县事，匿不以闻。公令长子琏赴京奏其事，径诣上前，而不先白中书省。时胡惟庸为左丞，掌省事，因挟旧忿欲构陷公，乃使刑部尚书吴云讦老吏讦公。乃谋以公欲求谈洋为墓地，民弗与，则建立司之策，以逐其家，庶几可动上听，遂为成案以奏。赖上素知公，置不问。省部又欲逮公长子狱，上时已敕琏归，及奏，上曰："既归矣，免之。"公入朝，惟引咎自责而已。

先是，杨宪败后汪广洋为丞相，未几而贬广东。乃相惟庸，公乃大戚。尝谓人曰："使吾言不验，苍生之福也；言而验者，其如苍生何！"遂忧愤而旧疾愈增。洪武八年正月，胡丞相以医来视疾，饮其药二服，有物积腹中，如卷石。公遂白于上，上亦未之省也。自是疾遂笃。三月，上以公久不出，遣使问之，知其不能起也，特御制为文一通，遣使驰驿送公还乡里。居家一月而薨。

公生于至大辛亥六月十五日，薨于洪武乙卯四月十六日，享年六十五岁。公之子琏、仲璟，以是年六月某日葬公于其乡夏山之原，礼也。遗文《郁离子》十卷、《覆瓿集》二十四卷、《写情集》四卷，长子琏又集所遗文稿五卷，名曰《犁眉公集》。娶富氏，封永嘉郡夫人。继室陈氏、章氏。子男二人：长琏，由考功监丞任江西参政，卒于官；次仲璟。皆陈氏出也。女二人：长适吴彪，次适沈安。皆章氏出也。孙男三人：廌、虙、貊。孙女三人，幼未适也。

公未薨前数日，乃以天文书授琏，使伺服阕进，且戒之曰："勿令后人习也。"复命次子仲璟曰："胡惟庸必败。我欲奉遗表，无益也。日后上必思我，待有问，当密为我奏。"其略以为修德省刑，祈天永命，且为政宽猛如循环耳，诸形胜要害之地宜与京师声势连络，幸圣主留意。

公生平刚毅，慷慨有大节。每论天下安危，则义形于色。然与人交游，开心见诚，坦然无间阻。至于义所不直，无少假借，虽亲之者以此，而忌之者亦以此。惟上察其至诚，任以心膂，公亦以为不世之遇，知无不言，每遇急难，勇气奋发，计画立就，外人莫能测其机，累赞上成大功。上尝临朝称之，公辄逡巡不敢当。家居惟饮酒弈棋，未尝自言其功。每天象有大变，则累日不乐。凡公以天下苍生休戚为忧喜者，即此可知矣。上天威严重，惟公抗言直议，不以利害怵其中，上亦甚礼公，常称为老先生而不名，又曰："吾子房也。"廷臣或有过失得谴者，公密为救解而免。其人或知而诣公谢者，则拒不纳；其人不知，亦未尝为人言也。其居乡里，守礼义，尚节俭，多阴德，不以富贵骄人。公初与同郡叶公景渊、胡公仲渊、章公三益、金华宋公景濂同出处，有通家之好。至于居官任政，则各行其志，俱以功名显于世，而公与宋公又以文章为当代首称云。

伯生辱在同郡，预诸生列，与公子琏、仲璟相知最深。今公薨而琏没，仲璟与琏之子廌请录公遗事，因辑乎昔所闻大略为行状。至于皇上知人之明、倚注之重，公之遭遇感激、以天下公议辅人主者，观纶绰之文、考成效之绩可见矣，其筹策帷幄有不能尽详者，亦不敢强质也。

洪武癸亥孟春，将仕郎、秦府纪善同郡诸生黄伯生状。

附录二
太祖实录·刘基传

　　基字伯温,处州青田人。幼敏悟绝伦,读书过目,辄领其要。元至顺癸酉,以明经登进士第,除高安县丞。初,基于都市书肆见天文书一帙,借阅之,翌日谈诵若流,其人大惊,欲以授基,基谢弗受,曰:"已得之矣。"及丞高安,有进贤人邓祥甫者通天文术数之学,见基而奇之,以其术授焉。基治高安有能声,江西行省辟为掾。未几,辞去。

　　寻起为江浙儒学副提举。尝与鲁渊、宇文公谅等游西湖,适有异云起西北,光照湖中,渊等以为庆云,将赋诗纪之,基独纵饮不顾,徐言曰:"此天子气也,应在金陵,十年后当有王者起其下。"时杭城犹全盛,渊等大骇,以为狂,人亦无能知者。

　　及方国珍兄弟起兵海上,元行省左丞朵儿只班讨之,反为国珍所执,胁令请于朝,使以诏招降,行省不能制。或有荐基之才者,行省遂辟基为浙东元帅府都事,俾图国珍。基出募

217

兵，平山寇吴成七等。改行枢密院经历，与参知政事石抹宜孙守处州，以拒国珍，迁行省郎中。经略使李国凤巡抚江南，上其功，执政不省，止授基处州路总管府判官。基以其非所欲，不肯受，逃归青田山中。

上既取婺州，定括苍，闻基名，遣使以束帛征之。基素以金陵当有王者兴，而上之威德日益盛，今来召适当其时，遂与龙泉章溢、丽水叶琛等三人由间道诣金陵，陈时务十八策。上见之甚喜，嘉纳其言，谓曰："先生倘有至计，毋惜尽言。"是时陈友谅将入寇，诸将议欲上自将御之，纷纷莫能定。上曰："今天道后举者胜，若伏兵江岸，俟其至而击之，可以成功。"基适从外至，因赞曰："上言是也。"已而友谅果至，伏发，友谅大败去。

岁辛丑，上将复讨友谅于九江，以问基。基曰："今天象金星在前，火星在后，此天命也。"上大喜，即命出师。会攻皖城，自旦至昏不拔，基请径进取江州，上悉军西上。友谅率众走湖广，江州降。洪都守将胡廷美使其子约纳款，先请禁止数事，基赞许之。

后基以母丧归，过衢，值苗军叛，杀金华守将胡大海、处州守将耿再成、孙炎等。夏毅时守衢州城中，或有谋应贼者，毅惧无所措，基徐为画计，且以祸福晓谕诸军，众乃定。复使人通婺、处二郡属县，令各固守，遂与平章邵荣等复处城，擒其首贺、李二寇。时方氏据温、台、明三郡，素畏基威名，遣人致书问基，基因宣上威德，讽使归顺。上时使人以书访国事，基随问条答，悉合机宜。及还京，道经建德，会张士诚兵寇其城，守将李文忠欲奋击之，基止之曰："不出三日，贼当自走，追击之可悉擒。"至期果如基言。

是时张士诚据浙西，陈友谅据湖广，或谓苏、湖地肥饶，又逼近金陵，当谋先取，基曰："友谅居上流，且名号不正，宜先伐之。陈氏既灭，张氏如探囊中物耳。"继而友谅复攻洪都，上亲征之，大战于鄱阳，胜负未决，基请移军湖口，期以金木相犯日决胜，上从基言，遂克之。其后上决策取士诚，北收中原，以定天下，基密谋居多。上或时至基所，屏人语，移时乃去。

拜基为太史令。一日，基见日中有黑子，言于上曰："东南当失一大将。"已而参军胡深攻福建，果败没。他日上谓基曰："吾昨梦三人头上有血，以土傅之，此何应也？"基曰："三人头上有血，衆之象也，以土傅之，乃得衆得土之兆，后三日当有报至。"越三日，海宁果以城降。

张昶、杨宪等欲乱政，乃使人上书称颂功德，劝上及时为娱乐。上以示基，且曰："是欲为赵高也。"基曰："诚如圣见。"宪等知之，使人伺察基阴事，欲诬陷之，未及发而昶、宪相继诛。有司奏定处州七县田赋亩税一升，上以基故，特命青田县亩止征其半。

后基乞归乡里，且行，言于上曰："凤阳虽帝乡，然非天子所都之地，虽已置中都，不宜居。扩廓帖木儿虽可取，然未可轻。愿圣明留意。"其后定西失利，扩廓帖木儿竟北走沙漠。上尝手诏叙基勋伐，且召基还京，赍赐甚厚，追封其祖、父皆为永嘉郡公。洪武三年，授弘文馆学士，封诚意伯。四年，赐归乡里。

初，基言于上曰："瓯括间有隙地，号谈洋，抵福建界之三魁，元末顽民负贩私盐，因挟方寇致乱累年，民受其害，至今遗俗未革，宜设巡检司以镇其地。"上从之。及设巡检司，民以其地属温州，实民业，非隙地，拒不予。适茗洋亡卒作乱，处宿吏持郡县事匿不以时闻。基令长子琏赴京，径诣上前奏之。时胡惟庸为左丞，掌省事，与基有宿憾，以琏不先白中书，怒之。及刑部逮至所奏宿吏，因诉基始图谈洋为墓地，民弗予，故建议设巡检司，实欲逐民以规取其地。惟庸具言于上，上以基勋旧，赦其罪弗治，但令夺其禄。省部犹欲送琏狱，上时已敕琏归，竟弗问。基乃入朝，自引咎谢，遂居于京师。

先是杨宪既败，汪广洋为相，未几贬广东，乃相胡惟庸。基忧愤，尝谓人曰："使吾言不验，苍生之福也；使吾言验，其如苍生何？"居无何，疾作。八年正月，惟庸以医来视疾，基既饮药，若有物塞腹中，自是疾笃。三月，上以基久疾，命给驿传，遣使送还乡里。御制文以赐之，其略曰："尔基括苍奇士，英才伟器，海内知闻。方元季世，郡雄竞起，孰辨雌雄，卿能仰观俯察，独断无疑，千里相从，言合计用。天下既定，论功行赏，特加显爵，俾垂令名，仍赐归乡里，冀永寿祺。何图咎生乡曲，有干国宪，重在勋旧，俯从议章，故但夺其禄而不夺其名，此国之政体，不得不然也。卿能不辨即趋于朝，非善自处，何以能之。今卿年迈，老病日侵，筋力益衰，久客京邸，朕甚悯焉。夫禽鸟生于丛林，羽翼成而飏去，时顾旧巢，犹必回翔，情不能已，况于人乎！卿既病笃，可即还乡里以终天年，庶称朕优待勋旧之意。"基居家一月而卒，年六十五。上痛悼之，赙遗甚厚。

基未卒前数日，以所藏天文书授琏，使服阕以进，且戒之曰："勿令后人习也。"复语次子仲璟曰："吾欲奉遗表不及矣，且欲劝上修德省刑，祈天永命，为政宜以宽猛相济，天下诸地宜使与京师形势连络。吾死后，上如问我遗言，当以是密奏之。"

　　基为人刚毅，慷慨有大节，每论天下事，是是非非，无少回曲。上察其诚，任以心膂，基亦自谓不世遇，知无不言，言无不用，急难之时，计画立就，外人莫能察，累赞成大功。上临朝称之，基辄逡巡退避。家居惟饮酒弈棋，遇天象有变则累日不乐。所著有《郁离子》十卷、《覆瓿集》二十四卷、《写情集》七卷、《犁眉公集》五卷，并行于世。

明开国翊运守正文臣资善大夫赠太师
谥文成护军诚意伯刘公神道碑铭

赐进士出身、资政大夫、前奉敕参赞机务、南京兵部尚书四明张时彻撰。赐进士及第、嘉议大夫、南京吏部右侍郎、前太常卿管南京国子监祭酒事、翰林院侍读学士掌院事、太典总校官常熟瞿景淳篆。

文成刘公，其先丰沛人也，后徙郿延，名延庆者，宋宣抚都统少保。厥子光世，以平方腊功，为兵马总管，高宗南渡，部兵以从，累官开府仪同三司、录尚书事，进太师、杨国公，因家临安。子尧仁，过丽水而乐之，遂徙其邑之竹洲。四传至集，又卜居青田之武阳，去县治者百五十里，世所称南田福地也。俗尚俭朴，有唐风之遗焉。遂世定厥居，兢兢于仁义之训。

五传而至濠，宋翰林掌书，益慈惠好施。每淫雨积雪，登高而望，里中有不举火者，即分廪赈之。会宋亡，乃荒遁自适。时有林融者，征聚义旅，兴复宋室，元讨平之，逮融至京，世祖义而弗杀也。融归而至瓯越之间地名牙阳四溪者，而复啸其徒。元乃驰驿使簿录其胁从，将尽歼之，而乡豪因以仇怨相倾引，盖善良鲜有脱者。使者返，夜次武阳，会天大雪，与居民百钱市酒。而市者则至濠家，具语之故。濠即间行谒使者，得所簿录数而深心恻焉。时孙爋侍，年方十龄，阴为策计，濠则大喜，辄盛供具以逆使者，醉而寝之楼，乃探箧启牍，录其渠魁二百人已，乃遂火其居。焰灼于楼，仓皇掖使者跣而走。诘旦，大恚曰："将何籍以复阙下？殆诛死不赦矣！"濠辟之曰："濠不幸灾于居室，震惊使者，濠诚死罪。意者簿录有冤，天欲生之乎？使者事竟，不复可至，濠幸有密亲于彼，度往返者四日，可以相报。"使者曰："幸甚。但半之亦可矣。"已而以前所录二百人者授之，得命诛死，诸所全活无算。濠即文成公之王大父也。祖孙同心，破家以沾万命，笃生文成，为一代元勋，子孙千百，世食其报，岂幸然哉！

濠生庭槐，博洽坟籍，为太学上舍；槐生爋，通经术，元遂昌教谕：是为公祖、公父，后皆以公贵，封永嘉郡公。祖母梁氏，母富氏，皆封永嘉郡夫人。

公讳基，字伯温。神知迥绝，读书能七行俱下。年十四，入郡胶，师受《春秋》，未尝执经诵读，而默识无遗。辩决疑义，出人意表。为人辄有奇气。诸家百氏，过目即洞其旨。尝游燕京，间阅书肆天文书，翌日背诵如流，其人大惊，欲以书授公，公曰："此已在吾胸中矣。"时从郑复初先生游，讲濂洛之学，先生大器异之，语公父曰："吾将以天道不报善人，此子必高公之门矣。"揭文安公曼硕见公，辄曰："此魏徵之流，而英特过之，将来济时器也。"西蜀赵天泽亦以为诸葛孔明之俦。盖虽未试于用，亦已颖露囊中矣。

甫弱冠，举元进士，授江西高安县丞，以廉节著名。发奸摘伏，不避强御。为政严而有惠，小民咸慈父戴之，而豪右数欲陷焉。时上下信其廉平，卒莫能害也。新昌州有杀人者狱，公覆案得实，而初检官以不实当罪，乃其家欲甘心于公，江西行省大臣辟公为掾史，舒解之。已而与幕官议事不合，遂投劾去。后为江浙儒学副提举、行省考试官。顷之，建言监察御史失职事，为宪台所沮，则又投劾去。

尝游西湖，有异云起西北，时同游者鲁道原、宇文公谅辈皆以为庆云，将分韵赋诗，公独纵饮不顾，大言曰："此天子气也，应在金陵，十年后有王者起其下，我当辅之。"时元方全盛，诸同游大骇，以为狂也，而悉去之。公益呼酒放歌，极醉而罢。

方国珍反海上，省宪复举公为浙东元帅府都事，公即建议

225

城庆元等路，贼不敢犯。及左丞帖里帖木耳招谕方寇，复辟公行省都事。公议方氏首乱，罪不可赦，宜捕诛其兄弟，而招安诸胁从者。方氏大惧，行重赂求解，而公峻却之，执前议，请于朝。方氏乃走赂阙下，而省院台则胥甘焉。降诏招安，授国珍官；驳公议，以为伤朝廷好生之仁，且擅作威福，则罢左丞辈而羁管公于绍兴。自是方氏遂横莫可制，出穴皆从乱如归。

公在绍兴，则放浪山水，以诗文自娱，于当途盖篾如也。乃行省复以都事起公，招安山寇，使自募义兵。贼拒命不服者，辄禽诛之，略定其地。已复以为行枢密院经历，与行院判石末宜孙守处州，安集之。后受行省郎中，时经略使李谷凤奏守臣功绩，而执政者皆右方氏，遂抑公功，仅由儒学副提举格授处州路总管府判，诸将莫不解体。公拜敕曰："臣不敢负国，今无所宣力矣。"遂弃官归。时义从者俱畏方氏残虐，从公居青田山中。乃著《郁离子》。

客或说曰："今天下扰扰，以公才略，据括苍，并金华，明越可折简而定，方氏将浮海避公矣。因画江守之，此勾践之业也。"公笑曰："吾平生忿方国珍、张士诚辈，徒狗鼠耳，而奈何效之？且天命有归，子姑待焉。"会高皇帝下金华，定括苍，公指乾象谓客曰："此非向所云天命者乎！"客遂亡去。公决计趋金陵，悉以众付其弟陛，并家人参掌之，曰："善守境土，毋为方氏得也。"适总制孙炎以上命来聘，公遂由间道诣焉。陈时务一十八策，上悉从之。

会陈氏入寇，或谋以城降；或以钟山有王气，宜奔据之；或欲决死一战，不胜而走，未晚也。公独张目不言。上召公入内计之，公奋曰："先斩主降议及奔钟山者，乃可破贼耳。"上曰："计将安出？"公曰："如臣之计，莫若倾府库、开至诚以固士心。且天道后举者胜，宜伏兵伺隙击之。取威制敌，以成王业，在此举也。"上遂用公策，斩获凡若干万。已而颁赏，则力辞不受。中书省设御座，将奉小明王，以正月朔旦行礼。公大怒，诟曰："彼牧竖尔，奉之何为！"遂不拜。已而见上，陈天命所在，上大感悟，遂定征伐之计。

兵攻皖城，自昏达旦不拔。公谓宜舍坚城而径拔江州，遂平江州。上尝使都督冯胜攻敌城，命公授方略。以云物为验，及克敌，一一如旨。陈氏洪都守将胡均美使子约降，请禁止若干事。上初有难色，公自后踢所坐胡床，上意悟，许之，均美遂以城降。时苗军反金华、括苍，杀守将胡大海等。衢州亦谋翻城应之，守将夏毅计无所出。适公以忧归，道其地，入城，一夕而定。公即遗书金、处属邑，谕以固守所部。遂同郡平章诸军克复处城，苗帅就禽。公时语所亲："上必有天下。"众心翕然。方氏势日沮丧，数遣人奉款于公。不纳，而白于上。上因令公与之通问，公乃宣国家威德，而方氏遂纳土入贡矣。

上时使人以书访军国事，公条答悉合机宜。会公赴京，经建德，适张氏入寇，守将曹国公欲奋击之，公止之曰："不出三日，贼当自走。追而击之，此成禽耳。"已而果然。时陈友谅据湖广，张士诚据浙西，众谓苏湖富饶，宜先取之。公曰："仕诚自守虏耳。友谅居上流，且名号不正，宜先焉。陈氏既灭，取张氏如探囊中物耳。"会陈氏复攻洪都，上遂伐陈氏，大战彭蠡湖。公密启移军湖口，以避难星，期以金木相犯日决胜，上从之，遂歼友谅。次取张仕诚，次定中原，荡群雄，逐胡狄，再造区夏，凡皆公之密谋也。上时至公所，屏人而语，率至移时。虽至亲密，莫知其端。

公为太史令，一日见日中有黑子，奏曰："东南当失一大将。"时参军胡深伐福建，果败没。又见荧惑守心，群臣皆震惧，公密奏，谓宜罪己以回天意。次日，上以公语谕群臣，众心始安。后大旱，上命公谳滞狱，凡平反若干人，雨即随澍。公因奏请立法定制，以止滥杀。上方欲刑人，公请其故，上语公以所梦云云。公曰："是众字头上有血，以土傅之，得土得众之象。计得梦后三日，当有报至。"上遂停刑以待。如期，报海宁果以城降，上大喜，悉以欲刑之人俾公纵之。

张仕诚平后，有张昶者，欲乱政，上书称颂功德，劝上宜及时为乐。上以示公，公曰："是欲为赵高也。"上颔之。昶以为发其奸也，而怨之，使齐翼岩等调公阴事，欲陷焉。未及发，而昶先事受诛。会司天台灾，翼岩上书言事，欲以中公。而上洞其奸，切责翼岩，斩之，穷治党与，尽得其与昶通谋状。上不慊于丞相李善长，而宪使凌悦因弹之，公为营救。上曰："是数欲害汝，汝乃为之地耶？汝之忠勋，足以任此矣。"公首触地曰："是如易柱，须得大木。若束小木为之，将速颠覆。如臣驽钝，尤非所堪。"上怒乃解。

洪武改元，上登大宝，拜公御史中丞。时定处州七县税额，计臣谓比宋制，亩加五合。上特命青田县粮亩止五合，曰："使刘伯温乡里子孙世世为美谈也。"上幸凤阳，使公居守。公志在澄清天下，上言"宋元以来宽纵日久，当使纪纲振肃，而后惠政可施也"。乃命宪司纠劾无所避。公因案中书省都事李彬不法事，罪当死。而李善长素善彬，请缓其事。公竟奏诛彬，由是与善长大忤。力请归乡里。临行，奏："凤阳虽帝乡，非建都之地；王保保虽可取，然未易轻举也。"已而定西失利，王保保竟走沙漠。上益思公言，手诏叙公勋伐，召赴京师，同盟勋册。公至，赐赉甚厚。赠公祖公父爵皆永嘉郡公。累欲晋公爵，而公固辞不拜。上知其至诚，不强也。

时上谋所相，首杨宪，次汪广洋，次胡惟庸，公皆谓不可。上乃曰："是无逾先生矣。"公曰："臣岂不自知？况臣疾恶太深，又不耐繁剧，为之只孤大恩耳。天下何患无才，愿明主悉心求之。如目前诸人，臣诚未见其可也。"三年七月，授弘文馆学士。十一月，进封诚意伯。四年正月，赐归老于乡。八月，上手书克期问天象事，公条具以奏，大意谓霜雪之后，必有阳春，今国威已立，自宜少济以宽。上嘉纳之，以付史馆。公所奏记，诸如此类，率焚其草，人莫得其详也。

初，瓯、括间有隙地曰谈洋，界于福建之三魁，元末顽民鬻贩私盐，因挟方寇为乱，久之不靖。公言于上，设巡检司控之，而顽民犹复逆命。适茗洋逃军周广三反，吏匿不以闻。公令长子琏赴京奏之，不先白中书省，而径诣上前。时胡惟庸主省事，怒其不白也，而重以旧怨，恁刑部尚书吴云讻老吏讦公，谓谋谈洋为墓地而弗得也，而建议立司，以播迁居氓，激之为变。上素知公，置不问。又请逮琏置狱，复不许。于时非得上渥眷，公且族矣。比公入朝，惟引咎自责。

先是，杨宪败，而相汪广洋，未几贬广东，乃相惟庸。公大戚曰："使吾言不验，苍生之福也；言而验者，其如苍生何！"遂忧愤增疾，盖八年正月云。惟庸以医来，饮其药至再，有物积腹中，彭彭如拳石。公遽白上，而疾遂益笃。三月，上知公且不起，御制文，遣使驰驿送之归。归一月而薨。

公生至大辛亥六月十五日，薨于洪武乙卯四月十六日，享年六十有五。以是年六月葬于夏山之原。所著有《郁离子》十卷、《覆瓿集》二十四卷、《写情集》四卷、《犁眉公集》五卷，皆传于代。公初与同郡叶景渊、胡仲渊、章三益、金华宋景濂以德艺相慕尚，至居官任政，则各行其志，俱以功名显于世；而公与宋公又以文章为当代称首云。

公生平刚毅，慷慨有大节。每论天下安危，则义形于色。与人交，洞见肝腑，至义所不直，无少假借。虽亲之者以此，而忌之者亦以此。惟上察其至诚，任以心膂。公以为不世之遇，知无不言，每遇急难，勇气奋发，计画立就，侪辈莫能测也。累赞大功，上尝临朝称之，公辄逡巡逊谢。家居惟饮酒、奕棋，未尝一齿前事。每天象有变，则累日不怿，盖志念深矣。上天威严重，惟公抗言直议，不以利害自恤。上亦甚礼之，常称为老先生而不名，时曰"吾子房也"。又曰："居则每匡治道，动则仰观乾象，以至谳狱审刑，罚之中议，礼新国朝之制，运筹决胜，功实茂焉。"又曰："每于闲暇之时，数以孔子之言道予，是以颇知古意。"此其知遇之隆，世宁有俪哉？廷臣以过被谴，公密为救解，其人知而谢之，辄拒不纳；其人不知，卒亦未尝言也。

公之将薨也，以天书授琏，使服阕奏进，且戒之曰："勿令后人习也。"复命仲璟曰:"胡惟庸在位,欲奉遗表,无益也。败后上必思我,倘有问,以遗疏密奏之。"其略以修德省刑,祈天永命,且为政宽猛如循环耳,诸形胜要害之地宜与京师声势连络,惟圣明留意。上益念之。

公初娶富氏,封永嘉郡夫人。继陈氏,赐章氏。陈生子男二:长琏,由考功监丞任江西参政,卒于官;次仲璟,授阁门使,赐"除奸敌佞"铁简侍朝,寻升谷府左长史、提督肃、辽、庆、宁、代、谷六王府军务,成祖时死事,别有传。公以中毒死,上深闵其冤,乃命长孙廌世袭伯爵,给之金书铁券。后文皇帝北征沙漠,定鼎燕都,而廌子幼弱,不能赴阙,遂停禄爵。至景泰间,七世孙刘禄始授翰林院世袭五经博士。弘治间,九世孙刘瑜授处州卫世袭指挥使,立祠本郡,盖数用言者所请云。

至嘉靖间,后纳郎中李瑜言,下礼、兵二部议,大略曰:"基当草昧之初,首识真主,金陵谒帝,动中机宜。观其陈天命之有在,斥伪主为不足事,舍安庆而径拔九江,款士诚而急攻友谅,江南大势,已定于此。其后屡从征伐,观天察象,设策运筹,知无不言,言无不验。仰副顺天应人之举,翊成用夏灭夷之功,我高皇帝延揽豪俊,创造丕图,虽一时佐命之臣并轨宣翼,而赞画帷幄之奇谋,恢复中原之大计,往往属之基。

故在军有子房之称，剖符发孔明之喻。功臣庙庑，既图其迹；青田邑租，复减其科。推基之功，于国家岂有量哉！盖思创造之难，则当隆佐命之恩；修社稷之功，则当笃延世之赏。况翊运开基，勋业炳烈如基者哉！"奏上，报允，遂进公配享于太庙，乃复瑜伯爵，世世承袭焉。公临终，戒子孙毋仕，且不利，九世方兴，至今若合左券云。

彻乡里后进，伏读《功臣》、《翊运》诸录，而景公之勋烈；读《郁离子》诸集，而慕公之文章。夜旦皇皇，恒思执鞭而不可得。兹其孙世延笃厉操尚，绳其祖武，恐芳懿之不彰也，而缪以隧道之碑见属。即不文，庸何敢辞！铭曰：

於惟掌书，乐善好施。雨雪分饷，闾闬称慈。无辜被录，百千其徒。何以拯之，爰火其居。我也无栖，人则释诛。笃生孙子，为时巨儒。武蕴韬钤，文富诗书。玑衡洞烛，囊括寰区。元失其驭，四国卒瘏。如鼎斯沸，莫赤匪狐。乃有真主，应天受符。间关草昧，翼龙以飞。运筹帷幄，以张以弛。天牖其衷，人罔攸窥。群雄窃据，次第芟除。大命既集，戎胡卒逋。帝曰汝功，汝侯汝公。公曰天眷，微臣曷庸！功成身退，从游赤松。帝宠其直，人嫉其忠。奄殒非命，实恫帝衷。丹书锡爵，赏延不穷。厥惟胤子，忠考弥崇。均输大节，益阐丕风。嗣传式微，谓天瞀瞀。爰有封章，频吁九重。哲后考德，宗工记功。乃集廷议，报称宜隆。侑享太庙，俎豆春容。君臣一体，祀典攸同。于万斯载，嗣续公封。百尔圭裳，胥庆厥逢。公文日星，公烈华嵩。既载旂常，亦铭鼎钟。孰是不师，孰是不共？况也梓里，奕世其风。渺予小子，夙夜钦崇。不腆者词，遏贲玄宫。庶托贞珉，光昭罔终。

皇明隆庆元年岁次丁卯春二月望日

附录四
明史·刘基传

刘基，字伯温，青田人。曾祖濠，仕宋为翰林掌书。宋亡，邑子林融倡义旅。事败，元遣使簿录其党，多连染。使道宿濠家，濠醉使者而焚其庐，籍悉毁，使者计无所出，乃为更其籍，连染者皆得免。基幼颖异，其师郑复初谓其父爚曰："君祖德厚，此子必大君之门矣。"元至顺间，举进士，除高安丞，有廉直声。行省辟之，谢去。起为江浙儒学副提举，论御史失职，为台臣所阻，再投劾归。基博通经史，于书无不窥，尤精象纬之学。西蜀赵天泽论江左人物，首称基，以为诸葛孔明俦也。

方国珍起海上，掠郡县，有司不能制。行省复辟基为元帅府都事。基议筑庆元诸城以逼贼，国珍气沮。及左丞帖里帖木儿招谕国珍，基言方氏兄弟首乱，不诛无以惩后。国珍惧，厚赂基。基不受。国珍乃使人浮海至京，贿用事者。遂诏抚国珍，授以官，而责基擅威福，羁管绍兴，方氏遂愈横。亡何，山寇蜂起，行省复辟基剿捕，与行院判石抹宜孙守处州。经略使李国凤上其功，执政以方氏故抑之，授总管府判，不与兵事。基遂弃官还青田，著《郁离子》以见志。时避方氏者争依基，基稍为部署，寇不敢犯。

及太祖下金华，定括苍，闻基及宋濂等名，以币聘。基未应，总制孙炎再致书固邀之，基始出。既至，陈时务十八策。太祖大喜，筑礼贤馆以处基等，宠礼甚至。初，太祖以韩林儿称宋后，遥奉之。岁首，中书省设御座行礼，基独不拜，曰："牧竖耳，奉之何为！"因见太祖，陈天命所在。太祖问征取计，基曰："士诚自守虏，不足虑。友谅劫主胁下，名号不正，地据上流，其心无日忘我，宜先图之。陈氏灭，张氏势孤，一举可定。然后北向中原，王业可成也。"太祖大悦曰："先生有至计，勿惜尽言。"会陈友谅陷太平，谋东下，势张甚，诸将或议降，或议奔据钟山，基张目不言。太祖召入内，基奋曰："主降及奔者，可斩也。"太祖曰："先生计安出？"基曰："贼骄矣，待其深入，伏兵邀取之，易耳。天道后举者胜，取威制敌以成王业，在此举矣。"太祖用其策，诱友谅至，大破之，以克敌赏赏基。基辞。友谅兵复陷安庆，太祖欲自将讨之，以问基。基力赞，遂出师攻安庆。自旦及暮不下，基请径趋江州，捣友谅巢穴，遂悉军西上。友谅出不意，帅妻子奔武昌，江州降。其龙兴守将胡美遣子通款，请勿散其部曲。太祖有难色。基从后蹴胡床。太祖悟，许之。美降，江西诸郡皆下。

基丧母，值兵事未敢言，至是请还葬。会苗军反，杀金、处守将胡大海、耿再成等，浙东摇动。基至衢，为守将夏毅谕安诸属邑，复与平章邵荣等谋复处州，乱遂定。国珍素畏基，致书啗。基答书，宣示太祖威德，国珍遂入贡。太祖数以书即家访军国事，基条答悉中机宜。寻赴京，太祖方亲援安丰。基曰："汉、吴伺隙，未可动也。"不听。友谅闻之，乘间围洪都。太祖曰："不听君言，几失计。"遂自将救洪都，与友谅大战鄱阳湖，一日数十接。太祖坐胡床督战，基侍侧，忽跃起大呼，趣太祖更舟。太祖仓卒徙别舸，坐未定，飞炮击旧所御舟，立碎。友谅乘高见之，大喜。而太祖舟更进，汉军皆失色。时湖中相持，三日未决，基请移军湖口扼之，以金木相犯日决胜，友谅走死。其后太祖取士诚，北伐中原，遂成帝业，略如基谋。

吴元年，以基为太史令，上《戊申大统历》。荧惑守心，请下诏罪己。大旱，请决滞狱。即命基平反，雨随注。因请立法定制，以止滥杀。太祖方欲刑人，基请其故，太祖语之以梦。基曰："此得土得众之象，宜停刑以待。"后三日，海宁降。太祖喜，悉以囚付基纵之。寻拜御史中丞兼太史令。

太祖即皇帝位，基奏立军卫法。初定处州税粮，视宋制亩加五合，惟青田命毋加，曰："令伯温乡里世世为美谈也。"帝幸汴梁，基与左丞相善长居守。基谓宋、元宽纵失天下，今宜肃纪纲。令御史纠劾无所避，宿卫宦侍有过者，皆启皇太子置之法，人惮其严。中书省都事李彬坐贪纵抵罪，善长素昵之，请缓其狱。基不听，驰奏。报可。方祈雨，即斩之。由是与善长忤。帝归，愬基僇人坛壝下，不敬。诸怨基者亦交潜之。会以旱求言，基奏："士卒物故者，其妻悉处别营，凡数万人，阴气郁结。工匠死，胔骸暴露，吴将吏降者皆编军户，足干和气。"帝纳其言，旬日仍不雨，帝怒。会基有妻丧，遂请告归。时帝方营中都，又锐意灭扩廓。基濒行奏曰："凤阳虽帝乡，非建都地。王保保未可轻也。"已而定西失利，扩廓竟走沙漠，迄为边患。其冬，帝手诏叙基勋伐，召赴京，赐赉甚厚，追赠基祖、父皆永嘉郡公。累欲进基爵，基固辞不受。

初，太祖以事责丞相李善长，基言："善长勋旧，能调和诸将。"太祖曰："是数欲害君，君乃为之地耶？吾行相君矣。"基顿首曰："是如易柱，须得大木。若束小木为之，且立覆。"及善长罢，帝欲相杨宪，宪素善基，基力言不可，曰："宪有相才无相器。夫宰相者，持心如水，以义理为权衡，而己无与者也，宪则不然。"帝问汪广洋，曰："此褊浅殆甚于宪。"又问胡惟庸，曰："譬之驾，惧其偾辕也。"帝曰："吾之相，诚无逾先生。"基曰："臣疾恶太甚，又不耐繁剧，为之且孤上恩。天下何患无才，惟明主悉心求之，目前诸人诚未见其可也。"后宪、广洋、惟庸皆败。三年，授弘文馆学士。十一月，大封功臣，授基开国翊运守正文臣、资善大夫、上护军，封诚意伯，禄二百四十石。明年赐归老于乡。

帝尝手书问天象，基条答甚悉而焚其草。大要言霜雪之后，必有阳春，今国威已立，宜少济以宽大。基佐定天下，料事如神。性刚嫉恶，与物多忤。至是还隐山中，惟饮酒弈棋，口不言功。邑令求见不得，微服为野人谒基。基方濯足，令从子引入茆舍，炊黍饭令。令告曰："某青田知县也。"基惊起称民，谢去，终不复见。其韬迹如此，然究为惟庸所中。

初，基言瓯、括间有隙地曰谈洋，南抵闽界，为盐盗薮，方氏所由乱，请设巡检司守之。奸民弗便也。会茗洋逃军反，吏匿不以闻。基令长子琏奏其事，不先白中书省。胡惟庸方以左丞掌省事，挟前憾，使吏讦基，谓谈洋地有王气，基图为墓，民弗与，则请立巡检逐民。帝虽不罪基，然颇为所动，遂夺基禄。基惧入谢，乃留京，不敢归。未几，惟庸相，基大戚曰："使吾言不验，苍生福也。"忧愤疾作。八年三月，帝亲制文赐之，遣使护归。抵家，疾笃，以天文书授子琏曰："亟上之，毋令后人习也。"又谓次子璟曰："夫为政，宽猛如循环。当今之务，在修德省刑，祈天永命。诸形胜要害之地，宜与京师声势连络。我欲为遗表，惟庸在，无益也。惟庸败后，上必思我，有所问，以是密奏之。"居一月而卒，年六十五。基在京病时，惟庸以医来，饮其药，有物积腹中如拳石。其后中丞涂节首惟庸逆谋，并谓其毒基致死云。

基虬髯，貌修伟，慷慨有大节，论天下安危，义形于色。帝察其至诚，任以心膂。每召基，辄屏人密语移时。基亦自谓不世遇，知无不言。遇急难，勇气奋发，计画立定，人莫能测。暇则敷陈王道。帝每恭己以听，常呼为老先生而不名，曰："吾子房也。"又曰："数以孔子之言导予。"顾帷幄语秘莫能详，而世所传为神奇，多阴阳风角之说，非其至也。所为文章，气昌而奇，与宋濂并为一代之宗。所著有《覆瓿集》、《犁眉公集》传于世。子琏、璟。

引用书目

宋史　中华书局标点本

元史　中华书局标点本

明史　中华书局标点本

明实录·太祖实录　台湾历史语言研究所校订本

诚意伯刘先生文集　刘基　明成化六年刊本

太师诚意伯刘文成公集　刘基　明嘉靖三十五年刊本

诚意伯文集　刘基　四部丛刊影印明隆庆六年刊本

刘基集　浙江古籍出版社 1999 年版林家骊点校本

郁离子　刘基　上海古籍出版社 1991 年版魏建猷等点校本

宋文宪公全集　宋濂　清嘉庆十五年刊本

危太朴文集　危素　嘉业堂丛书本

苏平仲文集　苏伯衡　四部丛刊本

陶学士文集　陶安　北京图书馆古籍珍本丛刊本

王忠文公文集　王祎　北京图书馆古籍珍本丛刊本

玩斋集　贡师泰　清乾隆乙未南湖书塾刊本

清江集　贝琼　四部丛刊本

朱枫林集　朱升　北京图书馆古籍珍本丛刊本

始丰稿　徐一夔　武林往哲遗著本

滋溪文稿　苏天爵　适园丛书本

云阳李先生文集　李祁　国家图书馆藏清抄本

麟原文集　王礼　文渊阁四库全书本

燕石集　宋褧　北京图书馆古籍珍本丛刊本

金华黄先生文集　黄溍　四部丛刊本

白云稿　朱右　明刊本

贞素斋家藏集　舒頔　清道光丙午刊本

不系舟渔集　陈高　敬乡楼丛书本

高太史大全集　高启　文渊阁四库全书本

盘谷集　刘鹗　北京图书馆古籍珍本丛刊本

列朝诗集　钱谦益　清顺治刊本

牧斋初学集　钱谦益　上海古籍出版社1985年

国初群雄事略　钱谦益　适园丛书本

国榷　谈迁　古籍出版社1958年

续藏书　李贽　中华书局1974年版大字本

章太炎全集（四）　上海人民出版社1985年

元典章　影元本

元统元年进士题名录　国家图书馆藏影抄本

南村辍耕录　陶宗仪　中华书局 1959 年

宪台通纪（外三种）　浙江古籍出版社 2002 年版王晓欣点
　校本

国初事迹　刘辰　借月山房汇编本

明经世文编　中华书局影印本

嘉靖注略　许重熙　明刊本

宪章外史续编　许重熙　明刊本

正统彭城志　残抄本

雍正浙江通志　文渊阁四库全书本

元代农民战争史料汇编　杨讷、陈高华、朱国炤、刘炎合编
　中华书局 1985 年

读明初开国诸臣诗文集　钱穆　《新亚学报》第六卷第二期

刘基　容肇祖　《中国古代著名哲学家评传》续编四，齐鲁书
　社 1982 年

宋明理学史　侯外庐等主编　人民出版社 1987 年

刘基评传　周群　南京大学出版社 1995 年

刘基事迹七考　杨讷　《蒙元的历史与文化》，台湾学生书局
　2001 年

刘基至正六年干谒事迹考论　周松芳　《浙江社会科学》2004
　年第 2 期

龙凤年间的朱元璋　杨讷　《元史论丛》第四辑　中华书
　局 1992

后 记

　　最近几年我大部分时间伴随爱妻郑启吟客居温哥华。温哥华是个美丽的城市，有山有水，气候宜人。我们住的那条小街远离喧嚣，是个读书、思考和写作的好地方，我在那里也写过两篇小文章。但是，如果真要做点研究，困难不小，主要是资料不足。我自1958年北大毕业以来，先在中国社会科学院历史研究所工作二十八年，后来转到国家图书馆，这两个单位藏书极富，使我养成不读第一手资料便不能做研究的习惯。现在环境变了，怎样还能搞点研究呢？左思右想，选择了加深和扩充过去的研究这条路。最便捷的项目有两个，一个是写《元代白莲教研究》，另一个就是写这本《刘基事迹考述》。两本都是小书，都有过去积累的资料，也都有过去发表的论文为基础，可以减少因资料短缺而造成的困难。于是我断断续续、不慌不忙地进行写作，而且是两书交叉着写。等到两书各写了七八成的时候，我感到在温哥华不能定稿，至少有些资料需要核对原书。因而我在去年九月回到北京，先完成了《元代白莲教研究》，送交上海古籍出版社，接着将本书定稿。现在读完本书校样，赶在付印之前再写上几句。

我在前言中讲了，我对刘基事迹的考证始于1999年提交海峡两岸蒙元史讨论会的那份报告。记得那次作报告以后，会上会下都听到一些不同意见。有几位学长（是真正的学长，不是客气称谓）对我的报告表示关心，一再提醒我要慎重。他们的告诫对我后来写成《刘基事迹七考》起了很大作用。我在写定本书时耳边常常响起几位学长的话语，所以始终谨慎下笔。但受水平限制，错误、疏漏恐怕仍难避免。尤其因为我常住境外，对国内的学术动态殊少知情，也不知三年来学界同仁对我那篇文章有怎样的反应。闭门造车，易与时论脱轨。我期待着读者批评。

本书写作时曾利用温哥华不列颠哥仑比亚大学（UBC）亚洲中心图书馆的藏书。该馆前后两任馆长周邝美筠（Linda Joe）女士和袁家瑜（Eleanor Yuen）女士为我借阅书籍提供了种种便利。北京图书馆出版社社长郭又陵、副总编辑徐蜀先生对本书的出版热情给予支持，甄俊华女士牺牲"五一"黄金周的休假为我审改校样，他们三位都是我过去的同事。在此谨向以上各位致谢。

杨讷 2004 年 5 月 13 日

本书由北京图书馆出版社 2004 年初版。此次再版改正了一些错字，余无更动。